JUDE SEIN NACH GAZA

JUDE SEIN NACH GAZA

ESTHER BENBASSA

Aus dem Französischen
von
SUSANNE BUCHNER-SABATHY

N DIESEM WERK spricht eine jüdische Stimme. Eine unter vielen anderen. Die Stimme einer Intellektuellen, der an der Existenz Israels liegt, die sich aber auch für die Sache der Palästinenser einsetzt. Juden tragen die schmerzliche Erfahrung der Verfolgung und die noch entsetzlichere des Holocaust in sich. Ihnen müsste es ein besonderes Anliegen sein, unermüdlich dafür zu kämpfen, dass den Palästinensern nicht das angetan wird, was Juden nicht wollen würden, dass man es ihnen antut. Dies ist der Grundstein einer Ethik, der jeder verpflichtet ist, der die Bezeichnung „Jude" verdient. Die Gewissenslast, die Deutschlands Geschichte seinen Nachkriegsgenerationen auferlegte, erklärt wohl, warum Stimmen wie die von Esther Benbassa hier so selten sind. Diese Stimme sollte jedoch gehört und verbreitet werden, damit der Teil des Nahen Ostens, um den es hier geht, eine lebenswerte Region mit zwei souveränen Staaten wird. Andernfalls würde sich eine der wenigen humanistischen Hoffnungen des 21. Jahrhunderts als Illusion erweisen.

Esther BENBASSA, Paris im September 2010

WIE KANN MAN nach der israelischen Gaza-Offensive Jude sein? In bester talmudischer Tradition könnte man diese Frage mit ein oder zwei Gegenfragen beantworten. Kann man denn überhaupt aufhören, Jude zu sein? Vielleicht, vielleicht auch nicht. Und ist man eigentlich noch Jude, wenn man seine Religion nicht mehr praktiziert? Jude bleibt man wohl – ob man es nun will oder nicht – unter allen Umständen, wenn Jüdisch-Sein sich aus einer bestimmten Grundhaltung ergibt, nämlich derjenigen einer beständigen Aufmerksamkeit für sich und für andere, deren Ziel es ist, ein anhaltendes Gleichgewicht zwischen sich selbst und der Welt herzustellen. Für ein solches Jüdisch-Sein stellt die Gaza-Offensive selbstverständlich in mehr als einer Hinsicht eine Herausforderung dar.

I

W ENN ES SCHON nicht einfach ist, praktizierender Jude zu sein, so ist es doch noch viel schwieriger, ein nicht praktizierender Jude zu sein. Worauf sollte ein Jude, der seine religiösen Orientierungspunkte verloren hat – wie dies viele von jenen taten, die sich ständig auf die jüdische Religion berufen – seine Zugehörigkeit zur jüdischen Gemeinschaft gründen, wenn er diese Zugehörigkeit mit Leben erfüllen möchte, statt sich in Identitätslosigkeit aufzulösen? Auf eine gemeinsame Geschichte, antworten die meisten. Doch das ist nicht so einfach. Diese „gemeinsame" Geschichte nämlich ist zunächst eine *angeeignete* Geschichte, die meist in jener des Holocaust zusammengefasst wird. Diese Geschichte hat wiederum eine eigene Geschichte, die man kennen muss, wenn man die Haltung vieler Juden gegenüber Israelis und Palästinensern zu begreifen versuchen möchte.

Bis zu ihrem Exil, das in den 1950er-Jahren begann, spielte für die nordafrikanischen Juden und für die Juden aus dem Nahen Osten der Genozid keine allzu große Rolle. Erst als sie, ihrer eigenen Geschichte beraubt, nach Europa oder Israel kamen, eigneten sie sich jene prestigereichere Geschichte an, die aus Pogromen und Massakern besteht, die Geschichte der jüdischen „Aristokratie", die Geschichte der Aschkenasim, also die der ost- und mitteleuropäischen Juden, zu denen in Frankreich die sehr spezifische Minderheit der „Israeliten" hinzu kommt: bereits seit langem integrierte Aschkenasim, die sich vollkommen mit der Französischen Republik identifizieren und hervorragende Repräsentanten dessen sind, was als *„franco-judaïsme"* („französisches Judentum") bezeichnet wurde. Nur das Anteilnehmen an dieser Geschichte der Leiden vermochte den Juden aus dem Maghreb und aus dem Nahen Osten einen Platz an der Seite der Aschkenasim zu verschaffen – wie wenig achtbar dieser Platz auch immer sein mochte.

In Frankreich wurden die Neuankömmlinge – im Wesentlichen Juden aus Nordafrika – von den alteingesessenen Juden als „Schwarze" (jiddisch: *„schwartse"*) bezeichnet, worin all das mitschwang, was dieses Wort an Negativem zu transportieren vermag. War das Leben dieser Zuwanderer in ihren islamischen Herkunftsländern nicht immer von Gleichheit und ungetrübter Koexistenz geprägt gewesen, so war es, langfristig verglichen mit dem der Juden in christlichen Ländern, doch auch keine Hölle gewesen. Ihr Exil aber machte sie von nun an zu „Arabern". Sie verwandelten sich von Juden in „Araber". So kam es, dass sie sich, um diese Schande auszulöschen, im Westen selbst lieber als „Sephardim" bezeichneten. Dieser neutrale und prestigereichere Begriff brachte sie auf mythischer Ebene in Verbindung zu den aus Spanien stammenden Juden – den „Sephardim" im strengen Sinn des Wortes –, während doch die meisten von ihnen historisch gesehen keinen Anspruch auf eine derartige verwandtschaftliche Verbindung erheben konnten.

In Israel wurden die aus dem östlichen Mittelmeerraum oder aus Nordafrika stammenden Juden zu „Orientalen" (*„Misrachim"*). Als unterlegen gebrandmarkt, wurden sie allein dafür gerühmt, dass viele von ihnen der religiösen Tradition nahe standen – ganz im Gegensatz zu den vor allem aus Osteuropa stammenden Baumeistern des neuen Staates. Im Jahr 1948 hatten 77% der Bevölkerung Israels osteuropäische Wurzeln. Die aus dem östlichen Mittelmeerraum oder aus Nordafrika eingewanderten Juden wurden vom ganzen System – und ganz besonders in der Arbeitspartei – als Bürger zweiter Klasse behandelt. Als im eigentlichen Sinne kolonisierte Juden, die, wie es für kolonisierte Bevölkerungsgruppen die Regel ist, über keinerlei eigene Geschichte verfügen.

Als Israeli durften sie von nun an keinesfalls mehr in den Ländern verwurzelt sein, die sie verlassen hatten und wo ihre Vorfahren seit tausend Jahren gelebt hatten. Sie durften auch kein Heimweh nach diesen Gebieten empfinden, die ja bevölkert waren von „Arabern", den Feinden dieses jungen Staats, der ihnen die Möglichkeit eines neuen – besseren – Lebens eröffnete. Man verlangte von ihnen, sich als Neugeborene zu betrachten, empfangen in einer aus Prinzip „Leben zeugenden" Gebärmutter – Israel –, aber ohne Erzeuger. Gerade, dass man von ihnen nicht verlangte, sich unsichtbar zu machen.

Und doch stammten zwischen 1954 und 1957 – der Periode der Suez-Kampagne und der afrikanischen Unabhängigkeitserklärungen – 63% der nach Israel einwandernden Juden aus Nordafrika, vor allem aus Marokko. Im Jahr 1958 wanderten beinah alle im

Jemen, in Libyen und im Irak lebenden Juden nach Israel aus. Doch in Israel dienten sie nur dazu, diesen neuen Staat der Juden zu bevölkern, diesen Staat, der die Frucht einer mehr als 50-jährigen zionistischen Arbeit war und dessen Gründung als Erlösungsakt nach dem Genozid dargestellt wurde.

In Israel, dem Land der Trauernden, hatten diese Einwanderer nicht die Möglichkeit, von sich zu erzählen, von ihrer Geschichte und von dem, was sie in diesen islamischen Ländern erlebt hatten, in denen sie doch als Juden mit Muslimen und Christen zusammen gelebt hatten. Und wo sie auch abgeschnitten gewesen waren von den erbaulichen Berichten des Zionismus. Lange warf man ihnen vor, sich nicht in bedeutsamer Weise am Werk der nationalen Restauration beteiligt zu haben, das von europäischen Juden begonnen und durchgeführt wurde, von eben jenen, die in den Orkan des Nationalsozialismus geraten waren.

Die Juden aus dem Maghreb und aus dem Nahen Osten, von deren Exil und Geschichte man im Westen ebenso wenig hören wollte wie in Israel, und die mit Arabern und Arabertum in Verbindung gebracht wurden – während doch viele von ihnen aus nicht-arabischen muslimischen Staaten gekommen waren, etwa aus der Türkei oder aus dem Iran – nahmen die Geschichte des Holocaust schrittweise, aber mit Eifer in ihre Identität auf, unabhängig von ihrer individuellen Generationszugehörigkeit. An die Stelle der Entwurzelung trat der Holocaust als „gemeinsame" Geschichte und „gemeinsame" Identität.

Der Preis dafür, dass ein aus dem östlichen Mittelmeerraum, und im Besonderen aus einem arabischen

Land stammender Jude unter Umständen doch akzeptiert wurde, bestand in einer Frustrationserfahrung am Beginn seines neuen Lebens: er musste den Araber – und den Palästinenser –, den inneren ebenso wie den äußeren, in einer Art wechselseitiger Widerspiegelung von sich weisen. Um nicht mehr „arabisch" zu sein, musste er den Araber, der er doch gewesen war und der sich in Gebräuchen, Gestik, Sprechweise, Aussehen zeigte, aus sich herausreißen. Eine neuartige und umgekehrte Form des „Selbsthasses". Der Araber erinnerte an das, was man nicht mehr sein wollte, was man nicht mehr sein durfte und was man ja doch gewesen war. Hinzu kommt noch die belastende Situation des Exils, eine noch unentschiedene und schlecht verarbeitete Geschichte, die immer wieder und trotz aller Bemühungen, sie zu verbergen, zum Vorschein zu kommen droht.

Im Grunde hatten diese Juden nirgends Gelegenheit, das Heimweh nach ihrer Geschichte zu pflegen, außer in der Romanliteratur, die allein ihm aber wohl nicht zum Durchbruch verhelfen kann. Diese aus muslimischen Ländern gekommene jüdische Identität, der man das Heimweh verwehrt hat, ein Gefühl, das das Erlebte schöner und positiver erscheinen lässt, konnte nur Abneigung gegen das Muslimische – und vor allem gegen das Arabische – nähren.

Das Problem besitzt in Israel besondere Brisanz, denn dort ist das Arabische ja tatsächlich präsent und wenn es dies einmal nicht ist, so wird es wie durch einen immer wieder zurückkehrenden Bumerang durch den Konflikt wieder präsent gemacht. Und doch könnte die Identifikation mit den Palästinensern für einen in Israel lebenden, aus dem östlichen Mittelmeerraum stammenden Juden eine Möglichkeit darstellen, sich selbst zu akzeptieren. Sich in dieser Form zu akzeptieren würde jedoch bedeuten, dass man jene bekämpfen müsste, die den Palästinensern wie auch den aus dem Nahen Osten stammenden Juden diese untergeordnete Stellung zugewiesen haben.

Immer wieder loderten Revolten auf, so etwa in den 1970er-Jahren die radikale „Schwarze Panther"-Bewegung. Sie bestand aus Einwanderern der zweiten Generation, aus jungen nordafrikanischen – im Wesentlichen marokkanischen – Juden. Die meisten algerischen Juden waren ja nach Frankreich ausgewandert. Diese Bewegung nahm sich die *„Black Panthers"* zum Vorbild, die in den Vereinigten Staaten für die Bürgerrechte der Afro-Amerikaner kämpften. Die „Schwarzen Panther", von denen die damalige Premierministerin Golda Meir sagte, sie seien „keine netten Jungen", prangerten die Art und Weise an, in der das israelische Establishment der Aschkenasim auf ihre Eltern oder sie selbst reagiert hatte, und forderten Anerkennung, Respekt, Chancengleichheit – mit einem Wort: Integration. Sie veranstalteten Dutzende von Demonstrationen, um die öffentliche Meinung für die Diskriminierungen, unter denen sie litten, und für ihre Marginalisierung in der israelischen Gesellschaft zu sensibilisieren. Ihre Identifikation mit der afro-amerikanischen *„Black Panther"*-Bewegung ist kein Zufall. Hielten ihre aschkenasischen Brüder sie nicht metaphorisch für „Schwarze"? Bezeichneten sie sie nicht so? Stellten sie sie nicht auf diese Weise nach dem kolonialen Schwarz-Weiß-Axiom auf die Seite der Schlechteren?

Die berühmten „*Tschachtschachim*[1]", die man als „Primitive", wenn nicht gar als Wilde betrachtete, bildeten das, was man seit dem Ende der 1950er-Jahre als „Zweites Israel" bezeichnete. Im Jahr 1977 schließlich rächten sie sich an der Arbeitspartei, an deren Arroganz und Bevormundung. Sie rächten sich für all die Erniedrigungen, die ihnen diese Partei von Anfang an zugefügt hatte: Jahrelang wurden sie in Transit-Lagern („*Ma'abarot*") untergebracht, die später zu von Arbeitslosigkeit und Elend geprägten Entwicklungsstädten wurden. Sie wurden für untergeordnete Arbeiten eingesetzt und dienten als Versuchskaninchen für wissenschaftliche Forschungen, durch deren Folgen manche von ihnen noch immer stigmatisiert sind[2]. Im

---

1. Diese abwertende Bezeichnung für die aus dem nicht europäischen Teil des Mittelmeerraumes stammenden Juden – ganz besonders für die marokkanischen Juden – gibt vor, die gutturalen Laute ihrer – arabischen oder jüdisch-arabischen – Muttersprache nachzuahmen.

2. Zu Beginn der 1950er-Jahre wurden an 100.000 Kindern mehrheitlich marokkanischer Herkunft Experimente mit Röntgen-Apparaten vorgenommen, welche von der amerikanischen Armee zur Verfügung gestellt worden waren. Als Gegenleistung überwiesen die Vereinigten Staaten der israelischen Regierung jährlich 300 Millionen Israelische Pfund. Das Gesundheitsbudget des Landes betrug damals nur ein Fünftel dieser Summe. Man bestrahlte den Kopf der Kinder mit dem 35.000 fachen der maximal erlaubten Dosis von Röntgenstrahlen 6.000 dieser Kinder starben kurz nach ihrer Bestrahlung. Viele der Überlebenden erkrankten im Laufe der Zeit an Krebs, während andere ihr Leben lang an schweren Krankheiten wie Epilepsie, Amnesie, chronischen Kopfschmerzen, usw. litten. Den Eltern wurde gesagt, dass durch die Bestrahlung die Geißel des Kopfgrinds wirksam bekämpft würde. Ein Dokumentarfilm hierüber wurde im israelischen Fernsehen erstmals am 14. August 2004 auf „Arutz 10" (Kanal 10) ausgestrahlt. Der Film von David Belhassen und Asher Hemias trug den Titel *The Ringworm Children*; sein hebräischer Titel bedeutete „100.000 Strahlen". →

Jahr 1977 also stimmten sie in großer Zahl für Menachem Begins „*Likud*"-Block und brachten ihn so an die Macht. Zu jener Zeit bildeten die „Orientalen" bereits die Mehrheit der israelischen Bevölkerung.

Nach ihrem ersten Wahlsieg im Jahr 1977 gewann die israelische Rechte immer größeres politisches Gewicht und trat schließlich in eine Koalition mit der extremen Rechten ein, die auch derzeit die Regierung stellt. Hinzu kommt noch die Gründung der ebenfalls rechten, ultra-religiösen „*Schas*"-Partei im Jahr 1984, auch dies eine Rache der marokkanischen Juden und in geringerem Ausmaß auch der in dieser Partei viel schwächer vertretenen Juden aus dem Nahen Osten. Immer waren die marokkanischen Juden nur in Zusammenhang mit ihrer Religiosität positiv wahrgenommen worden. Nun verliehen sie ihrer Religiosität eine politische Dimension, um sich im politischen Kräftespiel auf nationaler Ebene Gehör zu verschaffen. Genau diese von rechten Parteien gestellten oder von ihnen dominierten Regierungen, die von den „Orientalen" unterstützt wurden, lösten die linke Arbeitspartei bei der massiven Kolonisierung der palästinensischen Territorien ab und führten die mörderische Gaza-Offensive durch.

Eine Offensive, die auch in der großteils aus Nordafrika – vor allem aus Algerien – stammenden jüdischen Gemeinde in Frankreich auf breite Unterstützung stieß.

Der Präsident des jüdischen Dachverbands Frankreichs CRIF („*Conseil Représentatif des Institutions juives de France*") nannte jedenfalls eine Zahl

---

← Er wurde beim Internationalen Filmfestival in Haifa als „bester Dokumentarfilm" ausgezeichnet.

von „95%". Auch diese breite Unterstützung ist kein Zufall. Zunächst, weil diese jüdische Bevölkerung Israel geografisch nahe steht – näher zum Beispiel als die jüdische Gemeinde der Vereinigten Staaten. Viele in Frankreich lebende Juden sind durch verwandtschaftliche Beziehungen an Israel gebunden und deshalb unternehmen sie häufig Reisen dorthin. Zudem trägt diese eingewanderte jüdische Bevölkerung noch immer die Wunden eines Exils, von dem in Frankreich ebenfalls nicht gesprochen werden kann, war doch kurz vor dem Beginn dieses Exils die Katastrophe des Holocaust über die in ihrer Mehrzahl aschkenasische jüdische Gemeinde in Paris hereingebrochen. Auch lastet auf diesem Exil der unaufgelöste Konflikt mit „den Arabern". Denn ihnen wird dieses Exil zur Last gelegt, ohne es in einen Zusammenhang mit anderen Ereignissen zu stellen oder all seine Ursachen zu untersuchen. Interessant in diesem Zusammenhang ist etwa, dass die kolonisierten Juden immer wieder dazu neigen, bei den Kolonialmächten nach Möglichkeiten zur Verbesserung ihrer Lage zu suchen.

Im Jahr 1870 – Algerien war seit 1830 Teil des französischen Kolonialreichs – verschaffte das Crémieux-Dekret den Juden des Landes (mit Ausnahme jener aus dem Süden, die als zu sehr arabisiert und daher als „nicht rückgewinnbar" angesehen wurden) Zugang zur französischen Staatsbürgerschaft. Könnte es einen besseren Beweis für diese „Interessenskonvergenz" zwischen Juden und Kolonialmacht geben, die einen langen Konflikt mit den ansässigen Muslimen auslöste. Ein Konflikt, der sich in Frankreich fortsetzte, jenem Land, in das mit der Zuspitzung des israelisch-palästinensischen Konflikts auch algerische Muslime auswanderten. Bereits in Algerien waren die Juden zerrissen zwischen arabischen Anteilen ihrer Identität, welche sie möglichst zu verbergen suchten, europäischen Anteilen ihrer Identität, die sie mit ihrem Kolonisator teilten und mythologisch verklärten, und jüdischen Anteilen ihrer Identität, die Frankreichs Juden schließlich ins konsistoriale System[3] einfügten, indem sie versuchten, diese von ihren lokalen Wurzeln abzuschneiden.

Tatsächlich wurden diese nordafrikanischen Juden nicht nur von Frankreich kolonisiert, sondern auch von Frankreichs jüdischer Gemeinschaft, die sich bemühte, sie nach ihrem eigenen Bild zu formen. Gewiss profitierten sie davon durch eine in bemerkenswerter Geschwindigkeit durchgeführte Urbanisierung und durch eine französische Ausbildung, die ihnen bei ihrer „Repatriierung" bzw. ihrer Ausbürgerung ins Mutterland eine viel mühelosere Integration ermöglichte als es bei den in der Zwischenkriegszeit nach Frankreich gekommenen osteuropäischen Juden der Fall gewesen war, die nicht einmal französisch gesprochen hatten. Doch zugleich waren die nordafrikanischen Juden vor Ort von den dort ansässigen Bevölkerungsgruppen abgeschnitten, ohne jedoch des-

---

3. Nach der Zerschlagung der internen Strukturen der jüdischen Glaubensgemeinschaft während der Französischen Revolution führte Napoleon im Jahr 1808 das „Consistoire central israélite" (dt. „Israelitisches Zentralkonsistorium") als alleinige und offizielle Vertretung der französischen Juden ein. Nach protestantischem Vorbild sollten die Konsistorien auf nationaler und regionaler Ebene die internen Angelegenheiten der jüdischen Gemeinde regeln und die staatsbürgerliche Integration der Juden fördern. Vgl. Esther Benbassa, *Geschichte der Juden in Frankreich*, aus dem Französischen von Lilli Herschhorn. Philo, 2000.

halb gerade von jenen, denen sie gleichen wollten, als wirklich französisch anerkannt zu werden. Schließlich blieben sie ganz einfach Juden, die eben ein bisschen mehr Rechte hatten. In den Unabhängigkeitsbewegungen – besonders in Nordafrika – engagierten sich die dort ansässigen Juden fast gar nicht, was sich zum Teil dadurch erklärt, dass diese Bewegungen sie der Kollaboration verdächtigten. Auch standen sie dem Kontext, in dem die Unabhängigkeitsbewegungen sich entwickelt hatten, fern und schließlich waren diese ja stark durch den Islam geprägt[4].

Aus dieser besonderen, komplexen und letztlich so wenig „gemeinsamen" Geschichte ergibt sich auch die bedingungslose Unterstützung großer Teile der französischen jüdischen Gemeinde maghrebinischer Herkunft für Israel und dessen Politik – bis hin zu deren problematischsten Aspekten, wie etwa der Gaza-Offensive.

---

4. Im Irak und in Ägypten dagegen schlossen sich jüdische Intellektuelle zunächst dem Kommunismus und dann dem Unabhängigkeitskampf an.

II

AUSSER FÜR MANCHE (a-zionistische oder anti-zionistische) fundamentalistische Gruppierungen und für eine begrenzte Zahl von Juden, die der israelischen Politik gegenüber äußerst kritisch eingestellt sind, ist Israel in unterschiedlichem Ausmaß integraler Bestandteil der heutigen jüdischen Identität. Eine unvermeidliche Realität nach dem Holocaust, die sich Schritt für Schritt entwickelt hat, verstärkt durch die zahlreichen israelisch-arabischen und israelisch-palästinensischen Konflikte, von denen manche – ganz besonders der Sechs-Tage-Krieg – das Schlimmste für den Staat Israel befürchten ließen.

Dieser Krieg brach kurz nach der jüdischen Emigration aus Nordafrika aus. Der noch ganz frische Konflikt mit „den Arabern" wurde auf dieses Ereignis projiziert: das, was die nordafrikanischen Juden ins Exil gezwungen hatte, wurde mit dem, was aktuell in Israel geschah, gleichgesetzt. Würde man sich ein weiteres Mal ins Exil retten müssen? Würde man diesen gerade erst gegründeten Staat, der Holocaust-Überlebenden und jüdischen Flüchtlingen aus islamischen Ländern Zuflucht bot, schon wieder verlassen müssen? Am 2. Juni 1967 erklärte Claude Lanzmann in einem Artikel mit dem Titel „Scharfe Kritik von fünf Links-Intellektuellen an der Politik der arabischen Länder":

„Wenn Israel zerstört wird, wäre das schlimmer als der Holocaust[5] der Nazis. Denn Israel ist meine Freiheit. Natürlich bin ich assimiliert, aber ich habe kein Vertrauen. Ohne Israel fühle ich mich nackt." Auch Raymond Aron äußerte seine Furcht vor einer eventuellen Zerstörung des israelischen Staates, wobei er nach dem Muster des französischen Wortes für Völkermord („*génocide*") das Wort „*étatcide*" (Staatenmord) bildete[6].

Das Auftauchen dieser Thematik, die dem Konflikt auf eine ganz andere Ebene brachte, hinterließ im Denken und Fühlen unauslöschliche Spuren. Zudem wurde eine Erklärung, die PLO-Gründer Ahmad Schuqairi bei einer Pressekonferenz am 2. Juni 1967 in Ost-Jerusalem abgegeben hatte und die zunächst nicht weiter beachtet worden war, nach dem Krieg von Israel wieder aufgegriffen, als es darum ging, das Ausmaß der arabischen Feindseligkeit schon vor Ausbruch der Kämpfe aufzuzeigen. Diese Erklärung wurde als Ausdruck des Wunsches, „die Juden ins Meer zu werfen[7]", interpretiert. Die westlichen

---

5. Zu jener Zeit benutzte Claude Lanzmann noch nicht das Wort „*Shoah*", das seinem Dokumentarfilm später den Titel gab.

6. Siehe dazu sein Buch *De Gaulle, Israël et les Juifs*, Paris, Pion, 1968, S. 69. Zu diesen Fragen siehe auch Esther Benbassa: *La Souffrance comme identité*, Paris, Fayard, 2007, S. 195-208.

7. Bei dieser berühmten Pressekonferenz hatte Ahmad Schuqairi auf die Frage, was man mit den israelischen Bürgern im Fall eines arabischen Siegs tun würde, geantwortet: „Wir werden uns bemühen, den Juden zu helfen und ihnen die Ausreise in ihre Herkunftsländer zu erleichtern." Was das Schicksal der hier geborenen Juden betraf, so fügte er hinzu: „Die Überlebenden werden in Palästina bleiben, aber ich glaube, dass keiner überleben wird." Zunächst maß man dieser Erklärung nur geringe Bedeutung bei. Sie wurde am 3. Juni in der libanesischen Zeitung „*Al-Yawm*" veröffentlicht und dann von der französischen →

Medien verbreiteten diese Formel und die arabischen Kreise griffen sie ebenfalls auf, weil sie meinten, Schuqairi habe zu ihrer Niederlage beigetragen, indem er Israel mit einer derartigen Proklamation allgemeine internationale Unterstützung gesichert habe. Diese Proklamation ermächtigte in der Folge zu allen Vergleichen. Die jüdische Gemeinschaft in Frankreich hing dieser Idee von der radikalen Bedrohung Israels umso mehr an, als einerseits ein Teil ihrer Mitglieder aus Nordafrika stammt und von dort gemachten Erfahrungen geprägt ist, und als andererseits Frankreich im Gegensatz zu den Vereinigten Staaten auf seinem eigenen Territorium die Schrecken der Deportation und des Genozids erlitten hat. Diese Schrecken trafen in Frankreich mit aller Wucht die aschkenasischen Juden und in geringerem Ausmaß auch die aus Südosteuropa stammenden sephardischen Juden, die in den ersten Jahrzehnten des 20. Jahrhunderts nach Frankreich emigriert waren. Das frühere Vertrauensverhältnis zwischen der jüdischen Gemeinde und der französischen Republik war zerstört.

Die Bekehrung zur „Religion der Shoah" setzte – sowohl in den Vereinigten Staaten wie auch in Frankreich – in diesen Jahren ein. Und doch bleibt Frankreich ein Sonderfall. Jenseits des Atlantiks, ent-

← Wochenzeitschrift *L'Express* (in ihrer Ausgabe vom 5.-11. Juni 1967) auszugsweise wiedergegeben, und zwar im Rahmen eines Berichts über die Situation im Nahen Osten, der vom Korrespondenten des Nachrichtenmagazins in Amman verfasst worden war. Im Westen wurde die Erklärung kaum kommentiert und auch in der arabischen Presse oder in Israel traf sie auf keinen besonderen Widerhall. Moshe Shemesh, „Did Schuqairi Call for ‚Throwing the Jews into the Sea'?", *Israel Studies* 8 (2), Sommer 2003, S. 70-81.

wickelten sich die Überlegungen in eine andere Richtung. So machten sich laut einer 2007 von Stephen Cohen und Ari Kelman durchgeführten Umfrage die jungen amerikanischen Juden nicht allzu viele Sorgen um Israel und für mehr als die Hälfte der unter 35-Jährigen bedeutete das eventuelle Verschwinden des Staates Israel keine persönliche Tragödie. Allerdings waren die orthodoxen Juden in dieser Untersuchung nicht berücksichtigt worden. Wäre dies der Fall gewesen, hätten die Ergebnisse wohl anders ausgesehen, denn Israel ist für diese Gruppe kein abstraktes Gebilde, sondern das spirituelle Zentrum des jüdischen Volks und aus diesem Grunde fühlen sich orthodoxe Juden durch starke und dauerhafte Beziehungen an diesen Staat gebunden. Im Ganzen gesehen hat jedoch die große Mehrheit der jungen amerikanischen Juden ebenso wenig Interesse am Judentum wie die meisten ihrer israelischen Altersgenossen und viele jüdische Studenten werden lieber nicht in Verbindung mit Israel gebracht, das an amerikanischen Hochschulen häufig mit einer unterdrückerischen Kolonialmacht verglichen wird[8].

Laut dem Präsidenten des jüdischen Dachverbands Frankreichs CRIF unterstützten „95%" der französischen Juden die israelische Gaza-Offensive im Dezember 2008 und Januar 2009. Wenn man diese Zahl mit den Ergebnissen der amerikanischen Umfrage vergleicht, kann man die Unterschiede zwischen den jüdischen Gruppen beider Länder besser abschätzen. Viele Faktoren spielen hier eine Rolle. Die amerikanischen Juden haben nicht dieselbe Geschichte erlebt.

---

8. Ergebnisse der Umfrage auf http://www.aish.com/jw/s/48918
    377.html.

Sie sind zum größten Teil aschkenasischer Herkunft und praktizieren ihre Religion in geringerem Ausmaß als die Sephardim in Frankreich. Die meisten von ihnen erlebten den Genozid nur von fern. Sie haben viel weniger direkte Beziehungen zu Israel. Sie leben nicht, wie dies die nordafrikanischen Juden bis vor kurzem in Frankreich taten, Tür an Tür mit arabisch-muslimischen Nachbarn, und es gibt für sie daher keine Gelegenheit zu direkten Reibereien. Allgemeiner betrachtet trifft der Konflikt mit „den Arabern" von Amerika aus gesehen nicht auf dieselbe Resonanz wie in Frankreich, wo allein schon eine zahlenmäßig bedeutende muslimische Bevölkerungsgruppe die Ängste der französischen Juden schürt und so ihre Verbundenheit mit Israel verstärkt.

Wenn in den Vereinigten Staaten laut einer Untersuchung vom März 2009 75% der Juden die Gaza-Offensive befürworteten, so würden doch 69% der Befragten ohne Vorbehalt Bemühungen der Regierung unterstützen, um auf Basis einer nationalen Einheitsregierung unter Beteiligung der Hamas und der Palästinensischen Autonomiebehörde zu einer Friedensübereinkunft zu gelangen. Zudem meinten 59% der Befragten, dass die israelische Militäraktion keinerlei reale Auswirkungen auf die Sicherheit des Landes gehabt habe. Schließlich wandten sich 69% gegen die von Avigdor Lieberman, dem israelischen Außenminister und Vorsitzenden der rechtsextremen Partei „Israel Beitenu" („Israel – unser Zuhause") vorgeschlagenen Maßnahmen – von den israelischen Arabern sollte ein Treueschwur gegenüber Israel als jüdischem Staat verlangt werden – und auch gegen seine Drohungen gegen arabische Knesset-Abgeordnete, die

Kontakte zur Hamas hätten[9]. Es wäre gewiss sehr auf-
schlussreich gewesen, wenn eine solche Umfrage zu
Vergleichszwecken auch in Frankreich durchgeführt
worden wäre.

Trotz dieser sicherlich nicht unerheblichen Einschränkungen bleibt die Verbundenheit mit Israel,
auch wenn sie hier und da als problematisch emp-
funden wird, doch zentral für die Art und Weise, in
der Juden ihr Jüdisch-Sein heute leben. Verbundenheit
mit einem Israel, das ebenso sehr als Zufluchtsstätte
für schlechte Tage betrachtet wird wie als jener zentrale Ort, der eine Rückkehr zu den Quellen erlaubt.
In ersterem Zusammenhang denke man nur an all die
während des größten Teils des Jahres leer stehenden
Wohnungen, die französische Juden erworben haben,
„um im Fall des Falles", nämlich „im Fall, dass sich
die Lage in Frankreich wieder verschlechtert, etwas
in Israel zu haben[10]".

Freilich kann man sich fragen, ob viele Juden nach
den Heimsuchungen des Holocaust nicht gerade, weil
es Israel gab – dieses durch die Bibel und die erlittenen Heimsuchungen zweifach geheiligte Israel – Juden
geblieben sind. Als sich das Israel der frühen Zeit
bemühte, aus der Bibel ein Geschichtsbuch zu machen
und die jüdische Identität – bevor sie in gewissem
Maße wieder hervorbrach – durch eine israelische
ersetzte, wurde das Judentum in der Diaspora durch
Israel neu belebt, selbst wenn es sich für viele Juden
um eine rein weltliche Auslegung dieses Judentums

---

9. http://www.jstreet.org/campaigns/j-street-releases-new-poll-
   american-jewish-community.
10. Für das Zitat siehe *Tribune juive* (47), April 2009, S. 33 (einge-
    rahmter Text).

handelte. Ein Säkularismus, der übrigens sowohl in Israel als auch in der Diaspora durchaus von einem gewissen Mystizismus durchtränkt war.

Tatsächlich entfachte die Eroberung der palästinensischen Gebiete im Sechs-Tage-Krieg des Jahres 1967 selbst bei den weltlichst gesinnten Israelis, die darin eine Zeit lang die Auferstehung des biblischen Israel sahen, ein messianisches Fieber. Die religiösen Juden hingegen hofften, mit der Wiedervereinigung Jerusalems würde sich nun ihre Messiashoffnung bald erfüllen. Die militanten Fundamentalisten der Organisation *„Gusch Emunim"* („Block der Getreuen") machten sich an die Kolonisierung, wobei sie sich als einzig wahre Erben der ersten jüdischen Pioniere sahen, die Ende des 19. Jahrhunderts und in den ersten Jahrzehnten des 20. Jahrhunderts aus Europa gekommen waren. Die Juden der Diaspora wiederum waren erleichtert, einem zweiten Holocaust entkommen zu sein. Die aus islamischen Ländern stammenden Juden empfanden diesen Sieg, unabhängig davon, ob sie in Israel oder in Europa lebten, als Rache an „den Arabern", eben jenen Arabern, die sie aus jenen Ländern vertrieben hatten, wo sie seit „unvordenklichen Zeiten" gelebt hatten. In Frankreich löste dieser Eroberungskrieg nicht nur bei vielen Nicht-Juden, die die Dekolonisierung des Maghreb, vor allem die Algeriens, und die Unabhängigkeit „ihrer" Kolonialvölker noch nicht verdaut hatten, Begeisterung aus, sondern bewirkte in den folgenden Jahren auch unter den Juden eine Rückkehr zum Judentum, und zwar diesmal zu einer eher kulturalistischen Form des Judentums.

Die Ära des „Israeliten", dieses Franzosen mosaischen Glaubens, der zu Hause Jude und in der Öffentlichkeit Franzose war, war ganz zweifellos vorbei. In einem islamischen Land war man zu Hause ebenso Jude wie auf der Straße. Die aus diesen Gegenden stammenden Juden kultivierten ein strenges und demonstratives Judentum. Als sie nach Frankreich kamen, schnellte die Zahl der Gemeindezentren, der koscheren Fleischereien und Restaurants, usw. nach oben. Selbst wenn ihre Religionsausübung häufig schlicht Respekt vor Traditionen widerspiegelte – und kein engstirniges Festhalten daran –, war ihre jüdische Identität sichtbar und fand Niederschlag in ihrem Alltag. Die im Krieg ausgeblutete jüdische Identität der Aschkenasim schöpfte aus diesem offen gelebten Judentum Kraft und Festigkeit.

Die junge Generation, die in der Erinnerung des Genozid groß geworden war, wollte die vom Nationalsozialismus dezimierte Eltern- oder Großelterngeneration rächen. Sie wollte nicht schweigen wie die vorangegangenen Generationen, denen sie ihre Passivität vorwarf. Auch die „Passivität" war ein aus Israel importierter Mythos. Hatten sich die Juden der Diaspora nicht, wie der israelische Dichter Abba Kovner sagte, „wie Schafe zur Schlachtbank" führen lassen? Welch eindringlicher Gegensatz zu den tapferen Soldaten, die sich heroisch gegen die Araber geschlagen hatten, um den Staat Israel zu begründen! Die jungen Juden der Diaspora hatten zur Avantgarde der Mai-Revolution des Jahres 1968 gehört. Im Grunde machten sie ihre eigene Revolution. Sie waren entschiedene Anhänger der linksextremen Parteien, in denen die

Religion eher scheel angesehen wurde. Obendrein wussten die meisten von ihnen wenig bis gar nichts über das Judentum. Aus diesem Grunde erfolgte ihre Rückkehr zu den „Quellen" zunächst über die Kultur und wurde in den 1970er- und 1980er-Jahren durch die Gründung von Zeitschriften zu jüdischen Themen, durch eine jüdisch ausgerichtete Romanliteratur, durch Studium und Forschung zu jüdischen Inhalten, durch das Erlernen jüdischer Sprachen usw. gefestigt.

Und doch blieb die Kultur eine zerbrechliche Verankerung. Es war und es ist für einen nicht-religiösen Juden ohne Religionsausübung schwierig, Jude zu bleiben. Auch das klassische Kredo, das das Jüdisch-Sein auf die Zugehörigkeit zu einem bestimmten Volk zurückführt, bietet keine solidere Basis. Was sollte dieses „jüdische Volk" denn sein? Ebenso sehr Phantasiekonstrukt wie fassbare Realität, bildete es sich historisch aus äußerst unterschiedlichen und verschiedenartigen Segmenten[11]. Sollte man nicht auch eine Verwechslung dieses jüdischen „Volks" – in der modernen, seit dem 19. Jahrhundert gebräuchlichen Bedeutung dieses Worts – mit jener flexibleren, beweglicheren jüdischen Gesamtheit, die das Mittelalter kannte, vermeiden? Auch werden viele sagen, dass eine gemeinsame Leidensgeschichte ausreicht, um eine Zugehörigkeit zu schaffen. Diese Sichtweise war im 19. Jahrhundert im Zuge der Erarbeitung

---

11. Mit Gewinn liest man Schlomo Sands Werk *Die Erfindung des jüdischen Volkes. Israels Gründungsmythos auf dem Prüfstand*, aus dem Hebräischen übersetzt von Alice Meroz, Propyläen, Berlin, 2010. Auch wenn dieses Buch in einzelnen Punkten kritisiert wird, eröffnet es doch eine sehr anregende Perspektive.

der Geschichte der Juden in moderner (positivistischer) Perspektive entwickelt und später durch den Holocaust noch gefestigt worden. Bei näherer Betrachtung der aus dem östlichen Mittelmeerraum stammenden Juden haben wir jedoch gesehen, wie viel Vergessen und Unaufmerksamkeit in dieser „gemeinsamen" Geschichte verborgen sind. Haben jene, die ihre jüdische Identität in dieser gemeinsamen Geschichte verankern, Recht? Wer weiß? Vielleicht genügt es ja, daran zu glauben.

Im Grunde verhalten sich die Juden, wie es viele Minderheiten tun. Ihre Geschichte als Minderheit verleiht ihnen das „Recht", auch ohne Religion jüdisch zu sein, und zwar mittels eines einfachen Identitätsanspruchs und einer Erinnerungsrekonstruktion. Heute findet man eine vergleichbare Tendenz bei den französischen Muslimen, die – was in ihrer Geschichte eher neu ist – in Zukunft als Minderheit in einem westlichen Land leben werden und die sich im Namen der Kultur und der Loyalität zu den Ihrigen auf den Islam berufen.

Dennoch führen für nicht-religiöse wie für religiöse Juden irgendwann alle Wege nach Israel – oder zurück nach Israel. Für die meisten dieser Juden geht es aber nicht darum, sich dort auf Dauer niederzulassen. Die Immigration von Juden aus dem Westen bleibt in allen Fällen eine Randerscheinung, außer in politischen und wirtschaftlichen Krisenzeiten oder wenn ein Anstieg des Antisemitismus eine Panik auslöst[12]. Heute lassen sich zwar nicht wenige französi-

---

12. Zwischen 1948 und 2006 emigrierten 75.709 Juden aus Frankreich nach Israel. Wir wissen nicht, wie viele wieder zurückgekehrt sind. Aus Nordamerika emigrierten in der genannten Zeitspanne →

sche Juden (maghrebinischer Herkunft) und religiöse amerikanische Juden in okkupierten Gebieten nieder. Als jedoch die Kolonisierung dieser Territorien durch ultra-zionistische Fundamentalisten einsetzte, waren unter den Siedlern praktisch keine aus islamischen Ländern stammenden Juden. Vielleicht, weil diese nicht in der Nähe der Palästinenser leben wollten, jener Araber, die das problematische „andere Selbst" verkörpern und alten Groll wiedererwecken? Derzeit dagegen sind die französischen Juden, die sich auf Dauer in den okkupierten Gebieten niederlassen, tatsächlich von traditioneller Religiosität und von maghrebinischer Herkunft, während die (aschkenasischen) amerikanischen Juden, die dasselbe tun, häufig „Reumütig Zurückgekehrte" (*„Baalei Teschuwa"*) sind, Juden also, die auf der Suche nach ihren religiösen Wurzeln ein strenges Judentum leben.

Derzeit beträgt der Einwanderungssaldo in Israel beinah Null, es gibt also praktisch gleich viele Auswanderer wie Einwanderer. In den letzten Jahren gab es vor allem eine bedeutende nicht-jüdische Einwanderung. Dies betraf zum einen asiatische und afrikanische Arbeitskräfte, die mit zeitlich begrenzten Verträgen nach Israel kamen und sich dort manchmal dauerhaft niederließen. Zum anderen geht es hier um Ehepartner und Verwandte jener Menschen, die man im Allgemeinen „die Russen" nennt – womit auch Menschen aus anderen Staaten der ehemaligen Sowjetunion gemeint sind – und die nicht als Juden

← 199.418 Juden nach Israel. Die Gesamtzahl der Immigranten betrug in Israel in dieser Periode 2.992.870. Quelle: http://www.jewishvirtuallibrary.org/jsource/Immigration/immigration_by_country2.html.

anerkannt werden. Diese Immigranten kamen in den 1990er-Jahren in großer Zahl nach Israel. Heute soll sich diese Gruppe auf 300.000 Personen belaufen[13].

Für die meisten Juden bleibt Israel heute eher ein Ausblick, ein Bestreben, eine eventuelle Zuflucht – eine angesichts des ständigen Kriegszustands sehr hypothetische Zuflucht –, ein geheiligtes Ideal, das a priori sicher vor jedem Irrtum, jedem Fehler, jeder moralischen oder politischen Verirrung ist.

---

13. David Bertram, „Non-Jewish Immigration to Israel", http://www. allacademic.com/meta/p_mla_apa_research_citation/1/0/4/1/ 9/pages104190/p104190-1.php.

III

DIE WAHRE RELIGIOSITÄT der heutigen Juden liegt in der Heiligkeit, die sie Israel zusprechen, und in der Inbrunst, mit der Israel sie erfüllt. Von diesem Land erwartet man alles, man liebt es blind, und in der Diaspora ist man bereit, es mit Zähnen und Klauen zu verteidigen, auch gegen handfeste Beweise. Die Israelis sind Helden, die für „uns", für die Juden in der Diaspora, Amalek bekämpfen, diesen zeitlosen biblischen Feind, der nun durch die Palästinenser verkörpert wird, deren unschuldige Opfer die Israelis sind.

Seit den 1970er-Jahren schlüpften die Israelis allmählich in eine Opferrolle. Die 1977 an die Macht gekommene rechtsgerichtete Regierung unter Ministerpräsident Menachem Begin stellte den Holocaust ins Zentrum ihres politischen Kredos, um auf diese Weise die Gebietsbesetzungen zu rechtfertigen. Unmerklich wandelte sich Israel von dem Land, das gegründet worden war, um den Überlebenden der grausamen Verfolgung Zuflucht zu gewähren, zu einer Kolonialmacht, wobei bereits erstgenannter Status eine Rekonstruktion darstellt. Denn die Gründung des Staates Israel war ja zu allererst durch den Zionismus ermöglicht worden, also durch eine im Kontext anderer Nationalismen des 19. Jahrhunderts entstandene nationalistische Bewegung, unabhängig vom

Holocaust, der die Staatsgründung nur beschleunigt hatte. Paradoxerweise erfolgte der Wandel zur Kolonialmacht aber gerade im Namen des Holocaust und in der Absicht, dessen Wiederholung zu verhindern.

Die erzwungene und/oder freiwillige Ausreise hunderttausender Palästinenser bei der Gründung des israelischen Staats wurde verschwiegen, keine Katastrophe – *„Nabka"*, wie die Palästinenser dieses Ereignis nennen – kann dem Vergleich mit dem Holocaust standhalten. Selbstverständlich sind der Völkermord an den Juden und die *„Nakba"* der Palästinenser zwei ganz verschiedene Ereignisse, was ihren Kontext, ihre Natur, ihren Verlauf und ihre Folgen betrifft. Die Palästinenser nahmen ihre „Katastrophe" dennoch als Genozid wahr und so lebt sie in ihren Phantasien und Erinnerungen weiter. Während des 2. Weltkriegs wurde in Palästina, das damals noch unter britischem Mandat stand, das traditionelle hebräische Wort *„Hurban"* (= „Ruine, Zerstörung, Katastrophe") verwendet, um das zu benennen, was den Juden in Europa widerfuhr. Erst später, am 12. April 1951, führte das israelische Parlament hierfür offiziell den seinem Wesen nach religiösen Begriff *„Shoah*[14]*"* ein, der auch Passivität ausdrückt. In der Folge trug das dazu bei, die qualvollen Leiden, die die Juden während des 2. Weltkriegs erlitten hatten, zu verabsolutieren und damit jede andere vergangene oder auch zukünftige Katastrophe in den Schatten zu stellen.

---

14. Der Begriff kommt in biblischen Texten vor (Jesaja 47,11; Zephanja 1,15; Psalmen 35,8 und 63,10; Hiob 30,3 und 30,14, und 38,27; Sprüche 1,27 und 3,25) und bezeichnet eher eine durch göttlichen Zorn ausgelöste Katastrophe, mit der das Volk Israel gezüchtigt werden soll.

Lange Zeit bemühte sich Israel bei jedem Konflikt, seine Soldaten als Helden zu glorifizieren. Nach
dem Sechs-Tage-Krieg übernahmen die Opfer des
Genozids, denen bisher nur geringe soziale Beach-
tung zuteil geworden war, diese Rolle. Der Eich-
mann-Prozess im Jahr 1961 hatte dazu beigetragen,
sie ins Zentrum gesellschaftlicher Aufmerksamkeit
zu rücken. Die Kämpfer stiegen nach und nach von
ihrem Sockel, während die Opfer zu neuen Helden
aufgebaut wurden. Damit begann die Ära der Opfer,
die die Besetzung palästinensischer Gebiete zu einer
Notwendigkeit für das Überleben Israels machte. Nun
war die Kolonisierung natürlich kein moralisches
Unterfangen und die israelischen Regierungen waren
gewiss nicht so naiv, dies zu glauben. Allerdings erhielt
die Kolonisierung einen moralischen Anstrich, wenn
ihr erklärtes Ziel die Vermeidung eines zweiten Holocaust und somit ein dauerhafter Schutz für die Opfer
war. Alles war dem Streben nach Sicherheit unter-
zuordnen. Der – zumindest militärisch – mächtigste
Staat des nahen Ostens kämpfte um sein Überleben.
So wurde die Okkupation in den Augen der internationalen Öffentlichkeit, der Juden in der Diaspora und
der Israelis zu einem „tugendhaften" Unterfangen.
Ja, das Recht stand auf ihrer Seite, auf der Seite der
ewigen Opfer, und nicht auf der Seite der heutigen
Opfer, der Palästinenser, die nicht nur vertrieben und
in Flüchtlingslager gepfercht worden waren, sondern
die nun auch Besetzung und Kolonisierung erdulden
mussten. Unter diesen Opfern, denen man ihr Opfer-
Sein abgesprochen hatte, wurden später die „Märty-
rer", rekrutiert, lebende Sprengkörper, bereit, Israelis

– besonders israelische Zivilisten – wahllos umzubringen und entschlossen, sich auch selbst zu töten.

Haben sich die Opfer von gestern – die Juden, die Unterdrückung, Massaker und Verfolgung erlitten haben – in Täter verwandelt? Erzeugen sie palästinensische Opfer, die selbst wiederum zugleich Opfer und Täter sind? Diese widernatürliche Verkettung macht ein Zusammenleben in einem Gebiet, auf das beide Völker in unterschiedlich ausgeprägter Legitimität Anspruch erheben, unmöglich. Sie annulliert und zerstört jede Ethik. Selbst wenn es eine Ethik gäbe, die sich dem Wahn des Nationalismus widersetzen könnte. Im Nahen Osten wütet noch immer dieser Wahn, diese zerstörerische Kraft, auf die sich die modernen Nationalstaaten gründen, diese Brutstätte der Grausamkeiten des 20. Jahrhunderts.

Wenn man der äußerst gewandten Kommunikation Israels glaubt, so liegt alle „Schuld" bei den Palästinensern: sie waren es ja, die die von den Israelis angebotenen Bedingungen für eine Friedenslösung nicht akzeptiert haben. Bedingungen, die freilich auch unakzeptabel sind. Zwischen Mythos und Legende, Ideologie und Propaganda, den arabischen Feind nicht vom palästinensischen Feind unterscheidend – so präsentiert sich Israel weiterhin als ein Land, dessen Existenz ständig bedroht ist. Auf diese Weise verstärkt Israel einerseits das Schuldgefühl, das die internationale Öffentlichkeit verinnerlicht hat – ganz besonders in Europa, wo die Nazi-Verbrechen ja stattgefunden haben – und sichert andererseits auch seine eigene Immunität. Pressure-groups, jüdische Institutionen in der Diaspora, Medien, Diplomaten, organische Intellektuelle[15] stellen sich erfolgreich in den Dienst dieser Aufgabe, wobei sie mitunter zu Mitteln der Einschüchterung greifen. Diejenigen, die dieses Schwarz-Weiß-Schema nicht akzeptieren wollen – auf der einen Seite die unschuldigen Israelis, auf der anderen Seite die mörderischen Palästinenser – stellen ihren guten Ruf aufs Spiel. Als letzte Waffe wird den Zweiflern der Vorwurf des Antisemitismus entgegen geschleudert. Und ein Antisemit ist heutzutage ein Paria.

Was ganz und gar nicht bedeuten soll, dass der Antisemitismus endgültig ausgerottet wäre. Im Gegenteil: der heute in westlichen Ländern auftretende Antisemitismus findet im israelisch-palästinensischen Konflikt ein Alibi. Laut „Weltforum zur Bekämpfung des Antisemitismus" nahm er während der Operation „Gegossenes Blei" drastisch zu. Die Anzahl antisemitischer Aggressionen während dieses Konflikts war drei Mal so hoch wie in derselben Zeitspanne des Vorjahres[16].

Kein Rassismus, auch nicht der, der im Kleide des Antisemitismus auftritt, hat irgendeine „Legitimität". Ganz Im Gegenteil, er ist das offenkundige Zeichen dafür, dass eine Gesellschaft oder eine Gruppe krank oder zumindest geschwächt ist und nicht in der Lage, ihre Unterschiede oder ihre Niederlagen zu akzeptieren. Er ist kein Heilmittel, sondern eine Symptombehandlung, eine Symptombehandlung für Länder, die ihre wirtschaftlichen und sozialen Schwierigkeiten nicht bewältigen können und die sich, wie es viele

---

15. Organische Intellektuelle sind nach *Antonio Gramsci* nicht freie sondern eingebundene Intellektuelle, die, wie ein Organ, eine Gemeinschaft oder eine Institution vertreten.

16. *Tribune juive, op. cit.*, S. 34.

islamische Staaten tun, der Juden und der Israelis bedienen, um ihre Bevölkerung von ihren wahren Problemen „abzulenken". Dort machen dann die „Protokolle der Weisen von Zion" Furore. Ihr Inhalt – jüdische Weltherrschaft und jüdische Weltverschwörung – wird für bare Münze genommen, während er doch nichts ist als Propaganda und Wahnidee. Keinerlei Erklärung des Palästinenserproblems findet sich darin, auch kein Lösungsvorschlag für den Konflikt. Derartige Machwerke vertiefen nur den Graben zwischen Israelis und Palästinensern, zwischen Arabern und Juden, zwischen Juden und Muslimen.

Wenn Rassismus und Antisemitismus im Westen auch nicht übermächtig sind, so ist doch nicht zu übersehen, dass der Antisemitismus seit Beginn der Zweiten Intifada wieder deutlich zugenommen und seit Beginn der Gaza-Offensive eine neue und noch komplexere Form angenommen hat. Ein trauriges Paradox, wenn man bedenkt, dass die Entwicklung des Zionismus als Ideologie eine Reaktion auf den virulenten Antisemitismus des 19. Jahrhunderts darstellte und dass sein Ziel gerade darin bestand, die Juden durch die Gründung eines eigenen Staates zukünftig vor Antisemitismus zu bewahren. Früher war Israel ein symbolisches Bollwerk, das die Juden in der Diaspora vor dem gegen sie gerichteten Hass beschützen wollte. Doch nun liefert es selbst Tag für Tag neue – selbstverständlich trügerische – „Rechtfertigungen" für den grassierenden Antisemitismus und beschwört damit eine neue Gefahr für die Juden herauf, die es doch zu schützen beabsichtigt. Israels übermäßige Forderungen schädigen das Bild der Juden in der Diaspora. In diesen Forderungen werden Juden und Israelis – absichtlich oder unabsichtlich – in ungebührlicher Weise gleichgesetzt. Diese Gleichsetzung ist zwar nicht wünschenswert, hat aber doch auch einen guten Grund. Die Juden der Diaspora identifizieren sich so sehr mit Israel und wenden sich entschieden gegen alles, was an Negativem über Israel gesagt wird – und zwar auch dann, wenn einzelne Vorwürfe nicht ungerechtfertigt sind. Lässt sich unter solchen Umständen denn vermeiden, dass sich im Denken derer, die diesen Mechanismus nicht besser verstehen, sondern die geschilderte Dynamik ausnutzen wollen, diese Gleichsetzung ganz unwillkürlich einstellt?

In der Rhetorik der jüdischen Institutionen und ihrer Intellektuellen wird das Thema „Antisemitismus" zudem benutzt, um die verheerenden Auswirkungen, die Israels erbarmungsloser Krieg gegen die Palästinenser in der öffentlichen Meinung hat, abzumildern. Man sollte nicht unterschätzen, wie schädlich ein derartig problematischer Gebrauch dieses Themas ist. Und was soll man von der Art und Weise halten, in der Ariel Sharon sich während der Zweiten Intifada zynisch dieses Themas bediente, in der Hoffnung, die französischen Juden zu einem Zeitpunkt, als die Einwandererströme von russischen und äthiopischen Juden zu versiegen begannen, zur Emigration nach Israel zu bewegen?

Kein anderer Konflikt löst so viele Kommentare aus, regt zu so vielen Stellungnahmen an und genießt so große mediale Aufmerksamkeit wie der zwischen Israelis und Palästinensern. So, als ob die Augen der ganzen Welt auf dieses winzig kleine Stück Land gerichtet wären, das in der Geschichte der drei monotheistischen Religionen allerdings eine zentrale und hervorragende Stellung einnimmt und das seit Jahrtausenden das Ziel ihrer Sehnsüchte ist. Jerusalem, die heilige Stadt, das archäologische Zeugnis unserer Geschichte und unserer Identität, fasziniert auch eine eher säkularisierte Welt, bündelt Erwartungen, messianische Träume, Enttäuschungen und bittere Ernüchterung. Unterliegt Israel – jenes Israel, das den Westen immer wieder an seine früheren Verbrechen erinnern zu wollen scheint – aus diesen Gründen und angesichts seines besonderen Gefühlswerts auch einer besonderen Verpflichtung, nämlich jener, nicht wie die anderen Nationen zu sein und sich nicht wie die anderen Nationen zu verhalten?

Die Israelis haben wahrscheinlich überhaupt keine Lust, die Last dieses Andersseins zu tragen oder anders zu handeln als die Bürger anderer moderner Gesellschaften. David Ben-Gurion sagte ja: „Israel wird ein normales Land sein, wenn es seine Diebe und seine Prostituierten hat." Dies ist schon lange der Fall. In diesem Land mit kleinbürgerlich geprägter Familienstruktur sind Kindesmissbrauch und Kindesmisshandlung keine Ausnahmen mehr. Man mag keine „Russen" und keine „Orientalen". Gegenüber den *„Falascha"* – den äthiopischen Juden –, den Gastarbeitern und den israelischen Arabern ist man rassistisch eingestellt. Man wendet auf Basis der ethnischen oder nationalen Herkunft diskriminierende Gesetze und Verordnungen an. Man zwingt zehntausende Beduinen zu einem Leben in Barackensiedlungen[17]. Man verbietet die „*Gay Parade*" in Jerusalem. Vor kurzem

---

17. Human Rights Watch (HRW), *World Report 2009.*

wurden zwei Homosexuelle ermordet. Das Ausmaß
von Gewalttätigkeit und Brutalität ist in Israel nicht
geringer als anderswo. Als Gideon Levi am 20. August
2009 in der israelischen Tageszeitung *Haaretz* über die
letzten Morde schrieb, über die in den Nachrichten
prominent berichtet worden war, drückte er es sehr
treffend aus: „Ein Land, dessen offizielle Sprache die
Sprache des Zwangs ist, ein Land, das nach innen
und nach außen zu verstehen gibt, dass die Gewalt
ein legitimes Mittel der Problemlösung ist, darf sich
nicht darüber wundern, dass seine eigenen Bürger sich
genau dieser Methoden bedienen. Es ist unmöglich,
dass das, was für die Straßen von Gaza oder Dschenin
gut ist, nicht auch am Strand von Tel-Aviv oder am
Ufer des Alexander-Flusses gut sein sollte[18]."

Israel definiert sich nach dem Vorbild mancher
arabischer Länder, die sich als „islamische" Staaten
bezeichnen, als jüdischer Staat. In Israel werden An-
gehörige anderer Glaubensgemeinschaften so behandelt, wie Juden und Christen in muslimischen Ländern
unter der *„Dhimma"* (Schutzbündnis) behandelt wurden. Bestenfalls als Bürger am Rande der Gesellschaft,
als Bürger zweiter Klasse, als Bürger mit eingeschränk-
ten Rechten. Israel weist Palästinenser aus, enteignet
sie, pfercht sie in „Ghettos" – wie dem Gazastreifen
– zusammen, hält sie dort gefangen, sperrt sie dort
unter Missachtung der elementarsten Menschenrechte
ein, besetzt die Territorien eines Volks, das doch einen
legitimen Anspruch auf Selbstbestimmung hat. Israel
begeht Kriegsverbrechen, und zwar vor den Augen
der westlichen Staaten, die meist nur sehr leise pro-

---

18. Gideon Levi, in: *Haaretz*, 20. August 2009.

testieren, so sehr drückt sie die Last ihres eigenen schlechten Gewissens. Israel dehnt seine Kolonien in den besetzten Gebieten immer weiter aus, so, als ob ihm diese Gebiete seit jeher und bis in alle Ewigkeit zuständen. Israel ist auch das Land, das das Andere, das Schwache, das Fremde hasst.

Israel ist nicht schlimmer als andere Länder und auch nicht besser. Israel ist ganz so wie die anderen Nationen, aber die Behandlung, die ihm zuteil wird, die Bewunderung wie die Abscheu, die ihm entgegengebracht werden, sind von anderer Art. Genau hier liegt das Problem. Und genau aus diesem Grunde fühlt sich Israel verpflichtet, sich – ob es das nun will oder nicht – von den anderen Nationen zu unterscheiden. Und wäre es auch nur, um zu zeigen, dass es die Liebe, mit der Juden ihm begegnen, wirklich verdient. Die Juden in der Diaspora zittern für dieses Land, sie verehren es, sie denken – und Israel selbst bestärkt sie hierin – dass ihre behagliche Lebenssituation aufs engste mit der Existenz Israels verknüpft ist. Israel ist ihre „Schutzmacht", ihre Zukunft hängt von Israel ab. Ist das denn wahr? Kolonisierung[19],

---

19. Das Hebräische verwendet hierfür zwei Wörter mit unterschiedlichen Konnotationen: „*Hitjaschwut*" (= „Niederlassung, Siedlung, Ansiedlung") und „*Hitnachlut*", ein Begriff, der in einer sehr ideologischen Weise die Inbesitznahme eines „Erbes" („*Nachala*") bezeichnet, die Rückerstattung des „Vermögens" und des „Bodens der Vorfahren" („*Nachalat Ávot*") an Menschen, deren Besitzanspruch als legitim dargestellt wird, nämlich die Juden. In beiden Fällen jedoch geht es um einen „Kolonisierungsprozess", im Sinne der Aneignung und Nutzung eines Gebiets, das – durch systematischen Aufkauf, durch faktische Kontrollübernahme oder durch Enteignung – der Kontrolle seiner autochthonen Bewohner entzogen wird. Im Jahr 1891 wurde die „Jewish Colonization Association" gegründet, eine philanth- →

Kolonien[20], Kolonisten, Apartheid, Massaker, Kriegsverbrechen, übermäßige Forderungen, Verfolgungen, Rassismus, usw. – das sind lauter Worte, die man für andere Nationen verwenden kann. Nicht aber für Israel. Seltsamerweise sind heute die einzigen wahren „Zionisten" – in deren Phantasie ein neues Israel ersteht – die Juden der Diaspora. In Israel ist der Zionismus der Staatsraison gewichen. Und wenn die Israelis auch nationalistisch, ja, ultra-nationalistisch sind, so wissen sie im Grunde doch immer weniger, was der Zionismus eigentlich will. Welch ironische Umkehrung !

Noch vor kurzem konnten in Israel selbst kritische Intellektuelle zur besten Sendezeit in den Medien die Politik ihres Landes tadeln. Es gibt nicht viele solche Intellektuelle, ihre Worte gelangen immer weniger in den Aufmerksamkeitsbereich eines breiten Publikums und werden immer weniger geduldet – aber immerhin ist in den Medien eine Diskussion möglich. In Frankreich ist diese mediale Auseinandersetzung in gewisser Weise noch schwieriger. Die Medien zensieren sich lieber selbst, als negative Analysen zu veröffentlichen und einen Prozess wegen Antisemitismus zu riskieren, der einen untilgbaren Fleck auf einer journalistischen

---

← ropische Gesellschaft, die Juden dabei unterstützen sollte, aus Ländern zu emigrieren, in denen sie verfolgt wurden. Ursprünglich ging es um Emigration nach Argentinien. Fünf Jahre nach ihrer Gründung machte sich die Gesellschaft jedoch zur Aufgabe, die „Kolonien" in Palästina zu festigen. Dass hierbei diese Bezeichnung („Kolonien") gewählt wurde, schockierte damals niemanden.

20. Das üblicherweise mit „Kolonie" oder „Siedlung" wiedergegebene hebräische Wort *Jischuw* ist seit den Anfängen des Zionismus in Gebrauch.

Karriere hinterlassen kann. Gewiss sprechen die Bilder manchmal – etwa bei der Gaza-Offensive – für sich. Doch nichts stoppt die pro-israelischen Aktivisten; sie werden niemals zögern, gegen jede Evidenz lauthals zu verkünden, dass die Medien den Arabern zu Füßen lägen. Jede Israel-Kritik eines Nicht-Juden wird sofort als verdächtig dargestellt. Ein Franzose arabisch-islamischer Herkunft sollte besser den Mund halten, vor allem, wenn er ein intellektueller ist. Den wenigen Juden, die sich der „Philosophie" der organischen Intellektuellen der jüdischen Gemeinde verweigern, wird „Selbsthass" vorgeworfen. Man klagt sie an, Israel zu verraten und schlechte Juden zu sein. Und man macht sich daran, ihr Ansehen langsam, aber sicher zu untergraben. Man beschuldigt sie des Links-Islamismus oder des Islamfaschismus. Man verstößt sie aus „der jüdischen Gemeinde", obwohl man hier nicht von der „Gemeinde" sprechen sollte, sondern viel eher von „den Institutionen der jüdischen Gemeinde", Institutionen, die natürlich bei weitem nicht die Gesamtheit aller französischen Juden widerspiegeln. Man verhängt eine Nachrichtensperre über abweichende Gedanken; die müssen einfach versteckt werden. Glücklicherweise kann man eigenständige Reflexionen noch in Buchform veröffentlichen. Wie lange noch?

Nein, Israel ist keine Religion, es ist eine staatliche Realität. Mag sein, dass das Judentum nicht ohne Israel denkbar ist. Mag sein, dass die derzeitige Expansionspolitik dieses Landes den Antisemitismus in der Diaspora nicht eindämmt, sondern ihm eher Waffen in die Hand gibt. Mag sein, dass Israel den Juden eher zum Nachteil gereicht als ihnen, wie immer wieder behauptet, ein ruhiges Leben zu sichern. Mag sein, dass Israel zu einem Bollwerk mit rissigen Mauern wurde. Aber trotz alldem muss man zugeben, dass es eigentlich nur eine einzige Lösung gibt: nämlich die, so weit wie möglich das „wahre" Israel neu oder von neuem zu begründen, jenes Israel, das – jenseits eines bestimmten jüdischen Ideals – wohl nie wirklich existiert hat, das aber allein in der Lage wäre, als gemeinsamer Bezugspunkt zu dienen.

Wenn man Israel wie ein verhätscheltes und verzogenes Kind behandelt, dem man nie irgendwelche Grenzen setzt, oder wenn man es – was noch schlimmer wäre – als unberührbare und jedem Zweifel entzogene Offenbarung verehrt, so kann das auf Dauer nur dazu führen, dass die Juden bald das Interesse daran verlieren werden, wie das jetzt bereits bei den jungen amerikanischen Juden der Fall ist. Warum sollte man ein Land unterstützen, dass die Lage der Juden in der Diaspora schwieriger und unsicherer macht? Werden die Juden der Diaspora dieses Land noch lange verteidigen, koste es, was es wolle? Muss dieses Land, um weiterhin ein zentrales Element jüdischer Identität zu bleiben, es sich nicht auch gefallen lassen, gerade von jenen, die ihm in Wind und Wetter beistehen, in Frage gestellt und nötigenfalls zur Verantwortung gezogen zu werden? Nicht die Diaspora braucht Israel; Israel ist es, das von der ökonomischen und moralischen Unterstützung, die ihm die Juden der Diaspora weltweit entgegenbringen, profitiert. Und wenn die Diaspora nun plötzlich ein wahrhaft ethisches Israel wollte, ein Israel, von dem man träumen und das man lieben kann, und nicht eins, das von seinen immer zahlreicheren und immer schärferen Kritikern gehasst wird?

Auch wenn es derzeit noch schwierig ist, sich vorzustellen, wie Juden in der Diaspora ohne Israel leben würden, so wäre es doch auch für Israel nicht einfach, sich ohne Unterstützung durch seine natürliche Erweiterung, die jüdische Diaspora, zu halten. Zwar lehnte der Staat in den ersten Jahren seiner Existenz das Bild des Juden in der Diaspora ab, dieses dunkle Gegenbild zum neuen „Hebräer", zum starken, großen, emanzipierten Israeli. Dieses Bild des Juden in der Diaspora trug Züge, auf die man in ähnlicher Weise auch in der antisemitischen Rhetorik stößt. Dann aber rückte der Holocaust ins Zentrum der zionistischen Ideologie und dies bewirkte, dass die Israelis nun (wieder) Juden wurden. Im Gedenken an Tod und Massaker entwickelten sie neue emotionale Beziehungen zu ihren Vorfahren und begannen nun, Pilgerfahrten in jene osteuropäische Städte, Dörfer und Marktflecken zu unternehmen, in denen ihre Eltern und Großeltern gelebt hatten, und die Todeslager zu besuchen, um niemals zu vergessen. Andere sehnten sich nach einem konstruktiveren Judentum und wandten sich einer strengen religiösen Praxis und der Orthodoxie zu. Auf dem einen oder dem anderen Wege wurden die „jüdischen" Israelis schließlich tatsächlich (wieder) zu Juden. Zumindest in dieser einen Eigenschaft erlangte die Diaspora, dieser Zeuge ihrer früheren jüdischen Identität, wieder Bedeutung: sie lässt Israelis erkennen, was sie waren, bevor sie sich in Israelis verwandelt haben.

Die Diaspora besitzt Alter, Erfahrung und, ja, auch Autorität. Es steht ihr zu, diese auch auszuüben. Die

Israelis sind durch ihren Nationalismus irregeleitet. Im Jahr 1917 hat ein in der Diaspora lebender Jude, ein in Ispahan tätiger Lehrer der „*Alliance Israélite Universelle*": ganz genau gesehen, wo die Gefahr liegt. Er schrieb: „Persönlich bin ich eher gegen den Zionismus, da er eine Enteignung der Araber nach sich ziehen und einen jüdischen Nationalismus schaffen muss. Dieser jüdische Nationalismus wird fanatischer sein als andere Nationalismen. Die Geschichte [...] hat uns ja gelehrt, dass die von ihrem Joch befreiten Völker ihre neue Freiheit zu allererst dazu nutzen, diejenigen unter ihnen zu verfolgen, die anderer Herkunft sind als sie. Die von ihnen ausgeübte Tyrannei ist umso schlimmer, je brutaler sie selbst geknechtet worden sind. Man wird Israel kaum verwehren können, die selbst erlittenen Verfolgungen zu übersteigern[21]."

Genau dieser Nationalismus hindert die Israelis heute daran, das Leiden eines anderen Volkes zu sehen, das der Palästinenser, deren Weg dem ihren doch so ähnlich ist. Haben sie denn vergessen, dass die Gründerväter des israelischen Staats für dieses Land gekämpft, terroristische Mittel eingesetzt und verhandelt haben? Dass ihr Sieg auf Kosten eines anderen Volks erzielt wurde? Eines Volks, das das Gebiet, auf dem es gelebt hatte, freiwillig oder unter Zwang verlassen und in andere Länder fliehen musste? Dass dieses Volk die lebendige Erinnerung an seine Geschichte mit sich nahm, auch wenn diese

---

21. Zitiert in Aron Rodrigue, *De l'instruction à l'émancipation. Les enseignants de l'Alliance israélite universelle et les Juifs d'Orient, 1860-1939*, Paris, Calmann-Lévy, 1989, S. 192. Ich danke dem Autor dieses Werks dafür, mich auf dieses Zitat aufmerksam gemacht zu haben.

am Ort ihrer Entstehung für immer ausgelöscht war? Wie können Juden, deren Vorfahren Verfolgung und Leiden, Exil und Ablehnung erdulden mussten, akzeptieren, dass ein anderes Volk, ganz in ihrer Nähe und in ihrem Einflussbereich, ein ähnliches Schicksal erleidet? Wurden diese Juden denn, als sie Israelis wurden, mit Gedächtnisverlust geschlagen, so dass sie sogar die elementarsten Grundsätze der Ethik, auf die sich das Judentum seinem Wesen nach gründet, vergaßen?

Selbst als die Juden in der Moderne ihre Gemeinschaften, ihre traditionelle Lebensweise, ihre Verankerung in der Religion hinter sich ließen, ja, sogar wenn manchen von ihnen Gott selbst abhanden kam, bewahrten sie doch die Spuren dieser Ethik, die ihr Handeln im Alltag prägte. Einer Ethik, die daraus entsteht, dass der Mensch einem anderen Menschen mitmenschlich begegnet, und die sich auf die Überzeugung von der Zerbrechlichkeit jeglicher Existenz gründet. Und auch auf die Überzeugung, dass man dem anderen die Hand zur Versöhnung reichen muss, weil er ja, auch wenn man ihn hasst, nichts anderes ist als man selbst. Jüdische Künstler, Schriftsteller, Intellektuelle, Denker und Gelehrte engagierten sich in den großen Fragen der Menschheit, bemühten sich, dieser Welt Sinn zu verleihen und kämpften gegen die Übel, die die Gesellschaft ihrer Epochen quälten. Sie waren Verbündete der Unterdrückten; sie kämpften an ihrer Seite, an der Seite der Armen, der Arbeiter, der Kolonialvölker, der Schwarzen, der Frauen,… Wo sind diese Juden jetzt? Hat uns denn die Gründung Israels so sehr von allen anderen abgeschieden? Hat sie uns in einer Blase eingeschlossen? Hat sie aus uns

Nationalisten gemacht, Bürger, denen es nur um eins geht: um die Verteidigung Israels?

Die entsetzliche Erfahrung des Holocaust trug wohl dazu bei, die Juden der Welt zu „entfremden". Aber wenn die beständige Erinnerung an das, was Menschen einander antun können, gerade nach dem Holocaust wichtig und von hohem ethischem Wert ist, kann Israel dann ein so inhumanes Verhalten an den Tag legen? Und kann das jüdische Schweigen denn auf ewige Zeiten zudecken, was Israel den Palästinensern antut? Ein entehrendes Schweigen, das im Grunde Verrat übt am Wesen dessen, was Jude-Sein bisher bedeutete. Man wird einwenden, dass es hier um Staatsraison geht, aber welche Staatsraison könnte, von einem wahrhaft jüdischen Standpunkt aus gesehen, einen höheren Stellenwert haben als Ethik? Wir haben jegliches Empfinden für den Anderen, jegliches Erbarmen („*Rachmanut*") verloren, und nichts hindert uns nun daran, zu tun, was nicht mehr rückgängig gemacht werden kann[22]. Israel zu verurteilen, bedeutet nicht, die palästinensischen Institutionen, die palästinensischen Politiker, den palästinensischen Terrorismus, die Hamas oder die Hisbollah freizusprechen. Aber selbst wenn man wüsste, ob die Hamas den Waffenstillstand gebrochen und damit die Gaza-Offensive ausgelöst hat – wobei diese israelische Militäraktion ja in Wirklichkeit bereits seit einiger Zeit geplant war und die bevorstehenden Wahlen für den Zeitpunkt

---

22. Laut Babylonischem Talmud, Traktat Jewamot, fol. 79a erkennt man Juden an drei charakteristischen Merkmalen: der Barmherzigkeit (dem Mitgefühl), der Bescheidenheit und der Nächstenliebe.

ihres Beginns eine viel wichtigere Rolle spielten als der Raketen-Beschuss auf das südliche Israel –, würde das nichts an der Realität dessen ändern, was später geschehen ist. Und auch wenn die Bewohner dieses Landesteils – Juden aus islamischen Ländern sowie russische und äthiopische Immigranten – ein Recht darauf haben, in Frieden und ohne ständige Angst vor Raketen zu leben, so hat Israel diesen mörderischen Krieg wohl nicht nur begonnen, um ihnen dieses Recht zu sichern.

IV

EINE AM 2. JANUAR 2009 von der im Mitte-Rechts-Spektrum angesiedelten Zeitung „*Ma'ariv*" und dem Meinungsforschungsinstitut „Teleseker" veröffentlichte Umfrage konnte Israel nur darin bestärken, seine am 27. Dezember 2008 begonnene Offensive weiterzuführen. So standen 78,9% der Israelis dem militärischen Vorgehen „gegen die Hamas" „sehr positiv" gegenüber und 14,2% immerhin noch „eher positiv". Hätte es zu diesem Zeitpunkt Wahlen gegeben, so hätte die Arbeitspartei unter der Führung von Verteidigungsminister Ehud Barak fünf Parlamentssitze mehr errungen als in der Umfrage, die eine Woche zuvor durchgeführt worden war. Für 44% der Befragten hatte sich das Bild dieser Partei verbessert[23].

Die Mauern Tel-Avivs zierten zu dieser Zeit die riesigen Portraits von Tzipi Livni, der damaligen Außenministerin und Chefin der vom „*Likud*" abgespaltenen „Kadima"-Partei, und von Ehoud Barak, dem Vorsitzenden der Arbeitspartei. Wie wäre denkbar, dass wahltaktische Überlegungen nicht schwer auf diesem Krieg lasteten? Und trotzdem verloren beide diese Wahlen, da die Israelis ihr Vertrauen lieber den „echten Hardlinern" schenkten, und nicht deren Klonen.

---

23. Denis Sieffert, *La Nouvelle guerre médiatique israélienne*, Paris, La Découverte, 2009, S. 19.

Das Ergebnis war, dass unter Benjamin Netanjahus Leitung der „*Likud*" an die Macht kam und eine Koalition mit der rechtsextremen Partei Avigdor Liebermans einging. Somit erhielt Israel die am weitesten rechtsstehende Regierung seiner Geschichte.

Dieses Israel also griff, nachdem es zwei Jahre lang eine Blockade über sämtliche Bewohner des Gaza-Streifens verhängt hatte, eines der am dichtest bevölkerten Gebiete der Welt an. Die in bitterster Not lebenden Bewohner Gazas waren seit dem 27. Dezember 2008 einer Luftoffensive ausgesetzt, die in drei Tagen mehr als 300 Menschen das Leben kostete. Seit dem 3. Januar 2009 fand in Gaza dann eine noch mörderischere Bodenoffensive statt, die laut Nicht-Regierungs-Organisationen dazu führte, dass 75% der Elektrizitätsversorgung zerstört wurden und 500.000 Bewohner des Gaza-Streifens von der Wasserversorgung abgeschnitten waren, während die Straßen von Abwässern überschwemmt wurden[24]. Das UN-Büro für die Koordinierung humanitärer Angelegenheiten („*Office for the Coordination of Humanitarian Affairs*", OCHA) schätzte damals, dass 80% der Bevölkerung des Gaza-Streifens, also 1,5 Millionen Menschen, auf humanitäre Hilfe angewiesen waren. Den Rettungswagen war es nicht mehr möglich, in die Kampfgebiete vorzudringen und die Verwundeten starben, weil sie nicht versorgt wurden. Am 5. Januar hatte noch kein Hilfskonvoi den Gaza-Streifen erreichen können. Der „demokratischste Staat des Nahen Ostens" hatte unter Verletzung des Humanitären Völkerrechts auch Phosphorbomben eingesetzt, die

---

24. *Le Monde*, 5. Januar 2009.

dramatisch explodieren und auf den Körpern, mit denen sie in Berührung kommen, irreparable Schäden hinterlassen. Palästinensische Quellen schätzten die Zahl palästinensischer Toter auf 1.417, darunter 926 Zivilisten. Die israelische Armee registrierte 1.166 palästinensische Tote, darunter 295 Zivilisten. Man wird sagen, die Zahlen seien frisiert. Aber würden denn einige Tote weniger Israel humaner und gerechter machen?

Gegen die von den Israelis in der Luft und am Boden eingesetzten militärischen Mittel konnte man nicht kämpfen. Die Männer der Hamas hatten sich versteckt oder waren geflohen. Als Ziel der Angriffe blieb nur die Zivilbevölkerung, die sich nirgendwo verstecken und die nirgendwohin fliehen konnte. Im März 2009 sprachen israelische Militärs in einem Informationsbrief der Militärakademie Itzhak Rabin die problematischsten Aspekte der Operation „Gegossenes Blei" an, deren offizielles Ziel es war, dem Raketen-Beschuss auf den Süden Israels ein Ende zu machen und die Hamas zu schwächen. Die 54 Zeugenaussagen von Soldaten der israelischen Armee (Zahal) machen deutlich, dass kein Unterschied zwischen feindlichen Kämpfern und Zivilisten gemacht wurde. Des Weiteren wurden Kampfmethoden genannt, bei deren Einsatz keine Rücksicht darauf genommen wurde, dass es an ihren Einsatzorten Frauen, Kinder und Greise gab, der Gebrauch ungeeigneter Waffen in einem dicht bevölkerten Gebiet sowie systematische Zerstörungen in unglaublichem Ausmaß[25]. Ein auf Basis von Zeugenaussagen von

---

25. *Ibid.*, 16. Juli 2009.

der israelischen Organisation „Breaking the Silence" erstellter Bericht zeigt, wie sehr Aktionen, die bisher für anormal gehalten wurden, nun zur Norm wurden. Laut diesem Bericht ging es der israelischen Armee darum, die Verluste in den eigenen Reihen möglichst gering zu halten, selbst wenn hierfür palästinensische Zivilisten jeden Geschlechts, jeden Alters und jeden Gesundheitszustands geopfert werden mussten. So erzählte ein Zeuge: „‚Meinen Soldaten darf kein Haar gekrümmt werden und ich will nicht, dass einer meiner Soldaten durch Zögern irgendein Risiko eingeht. Wenn ihr nicht sicher seid, schießt!' [...] Dies waren die Instruktionen meines Vorgesetzten[26]." Nach diesen Enthüllungen leitete die israelische Armee 14 Untersuchungsverfahren gegen Armee-Angehörige ein, denen nicht-gesetzeskonformes Verhalten vorgeworfen wurde[27].

Die nicht-staatliche Organisation Human Rights Watch (HRW), die sich für die Wahrung der Menschenrechte einsetzt, wirft Zahal in einem am 13. August 2009 veröffentlichten Bericht vor, elf palästinensische Zivilisten, darunter fünf Frauen und vier Kinder, getötet zu haben, obwohl sie eine weiße Fahne schwenkten. Acht weitere Palästinenser seien hierbei verletzt worden. Die Organisation präzisiert, dass diese Zivilisten gruppenweise weiße T-Shirts oder Schals schwenkten, um als Zivilpersonen erkannt zu werden. Zu diesem Zeitpunkt hielten sich laut HRW keine palästinensischen Kämpfer in diesen Gebieten auf. Die Organisation fügt noch hinzu, dass die Kämp-

---

26. *Ibid.*
27. *Ibid.*, 30. Juli 2009.

fer der Hamas hier nicht Zivilisten als menschliche
Schutzschilde benutzten. Im besten Falle hatten die
israelischen Soldaten, bevor sie das Feuer eröffneten,
nicht die nötigen Vorsichtsmaßregeln getroffen, um
Zivilisten von Kämpfern zu unterscheiden, wie es
das Völkerrecht verlangt. Im schlimmsten Fall haben
sie mit Vorbedacht Zivilisten angegriffen und sich
somit eines Kriegsverbrechens schuldig gemacht[28].
Es geht hier nur um eines der sieben Vorkommnisse,
die die Organisation HRW in ihrem Bericht erwähnt.
Der israelische Verteidigungsminister, Ehud Barak,
behauptet trotz dieser übereinstimmenden Zeugenaussagen nach wie vor, dass „die israelische Armee
eine der moralischsten Armeen der Welt[29]" sei. Die
israelische Regierung wies die genannten Zeugenaussagen zurück, obwohl man HRW nicht gut der Vor-
eingenommenheit bezichtigen kann. Die Organisation
warf in ihrem Bericht vom 6. August auch der Hamas
Kriegsverbrechen vor, weil diese Raketen auf von Zivilisten bewohnte israelische Gebiete abgefeuert hatte.
Man wird vielleicht ein wenig ungläubig sagen, dass
die hier aufgeführten Informationen französischen
Zeitungen entstammen, die der palästinensischen
Sache wohlgesonnen sind. Tatsächlich entnahm ich
sie der Zeitung *Haaretz*, wo sie am 15. Juli und am
13. August 2009 veröffentlicht wurden.

Auch der UN-Menschenrechtsrat beauftragte
Experten unter Vorsitz des südafrikanischen Richters

---

28. Zusammenfassung des Berichts in der französischen Tageszeitung *Libération* vom 14. August 2009. Ein deutschsprachiger
Artikel zu diesem Bericht findet sich auf: http://www.hrw.org/
de/news/2009/09/13/israel-untersuchung-der-sch-sse-auf-un
bewaffnete-zivilisten-im-gazastreifen-notwendi.
29. *Haaretz*, 13. August 2009.

Richard Goldstone mit einer Untersuchung, deren
Schlussfolgerungen am 15. September 2009 veröffentlicht wurden. In diesem Bericht wurden sowohl der
israelischen Armee als auch der Hamas Handlun-
gen vorgeworfen, die Kriegsverbrechen darstellten,
ja sogar den Tatbestand von Verbrechen gegen die
Menschlichkeit erfüllen könnten. Der sehr ausführ-
liche Bericht kritisiert „die mit Vorbedacht und Sys-
tematik durchgeführte Strategie der israelischen
Streitkräfte, Industriestandorte und Einrichtungen
der Wasserversorgung unter Beschuss zu nehmen
und die Verwendung palästinensischer Zivilisten als
„menschliche Schutzschilde". Andererseits hatte die
Hamas seit Januar 2001 achttausend Raketen auf das
südliche Israel abgefeuert, wobei vier Menschen getötet und Hunderte verletzt wurden. Diese Raketenan-
griffe haben laut Experten der Untersuchungskom-
mission unter der Zivilbevölkerung Terror verbreitet
und psychische Traumatisierungen ausgelöst. Durch
keinerlei Beweis scheint aber belegt zu sein, dass die
palästinensischen Kämpfer sich der Bevölkerung als
„menschliche Schutzschilde" bedient hätten oder dass
die Hamas die Krankenhäuser, die Ambulanzen und
die Einrichtungen der UNO dafür missbraucht hätte,
die Israelis anzugreifen. Die israelischen Strategen
dagegen haben laut diesem Bericht eine Doktrin verfolgt, die den Einsatz unverhältnismäßiger Gewalt mit
sich gebracht, Güter und zivile Infrastruktur schwer
beschädigt oder zerstört sowie Leiden unter der Zivilbevölkerung hervorgerufen hat[30].

---

30. *Le Monde*, 17. September 2009 und http://www.un.org/apps/
newsFr/storyF.asp?NewsID=20067&Cr=gaza&Crl=israël. Die
englische Originalversion des Berichts kann als pdf herunter- →

Dass die Gaza-Offensive unter den Israelis auf so breite Unterstützung stieß, hatte auch damit zu tun, dass die Verluste seitens des jüdischen Staats sehr gering waren: nur 10 Soldaten und 3 Zivilisten wurden getötet. Und wirklich feierten in Tel-Avivs abgeschlossener Welt viele jubelnd Sylvester. Die Front schien so weit weg. Die Nachrichten zeigten nur Bilder von Einwohnern der südisraelischen Stadt Sderot, die eins der Ziele des Raketenbeschusses gewesen war. Raketen, die von der Hamas, dieser Quintessenz des Terrorismus, abgefeuert worden waren. Der Hamas, die instrumentalisiert wird vom Iran, dem anderen unversöhnlichen Feind Israels, diesem Amalek schlechthin, der vor nichts zurückschrecken würde, um Israel zu zerstören, nicht einmal vor dem Gebrauch von Atomwaffen[31]. Diese einseitige Sichtweise stellt die Hamas – die ja bekanntlich eine heterogene Organisation ist und unter deren Anführern viele mit den Geheimnissen der politischen Strategie vertraut sind und sich durchaus nicht damit begnügen, menschliche Bomben zu produzieren – in den Augen der nationalen und der internationalen Öffentlichkeit unwiderruflich auf die Seite des Bösen und verhindert so, dass die Hamas

---

← geladen werden: http://www2.ohchr.org/english/bodies/hrc ouncil/docs/12session/A-HRC-12-48.pdf. Eine deutsche Kurzfassung des Berichts findet sich auf http://www.kultur-fibel.de/Noti zen_21_Kurzfassung_Goldstone-Report,UN-Bericht_zum%20 Gazakonflikt_2009-12.htm.

31. Der Iran ist ganz gewiss keine friedliebende Macht und die Worte seines Präsidenten sind wirklich nicht dazu angetan, ein Gefühl der Sicherheit zu verbreiten oder die Debatte zu beruhigen. Der Gebrauch, der in pro-israelischen Stellungnahmen von dieser Bedrohung gemacht wird, ist jedoch, gelinde gesagt, problematisch und steht zumindest ebenso sehr in Zusammenhang mit Aspekten der Symbolik wie mit Aspekten der Sicherheit.

gemeinsam mit der Palästinensischen Autonomiebehörde ein möglicher Partner für Verhandlungen wird. Unnötig zu erwidern, dass die Hamas in demokratischen Wahlen gewählt wurde: waren nicht auch die Nazis demokratisch gewählt worden? Und verfolgt die Hamas nicht dasselbe Ziel wie Hitler, nämlich die Juden ganz einfach auszurotten? Diese Vermischung von Kategorien funktioniert gut, und man greift gern darauf zurück. Und doch geht es ja nicht darum, mit seinen Freunden Frieden zu schließen, sondern mit einem Gegner, von dem man besser wissen sollte, in welchem Ausmaß er einem schaden kann und in welchem Ausmaß er kompromissfähig ist. Israel, die militärisch überlegene Macht, kann die Bedingungen für den Frieden nicht diktieren. Dies würde unausweichlich scheitern, wie der Oslo-Friedensprozess ja gezeigt hat. Der „palästinensische Staat", dessen Schaffung Israel von seinem hohen Sockel herab zugestanden hat, war selbstverständlich nicht lebensfähig. Man wird verhandeln müssen, und zwar mit allen. Früher erkannte auch die Fatah die Existenz Israels nicht an und beging terroristische Akte. Schließlich entschied sie sich jedoch für politischen Realismus und wurde zu einem Verhandlungspartner. Warum sollte sich nicht auch die Hamas schließlich für diesen Weg entscheiden?

Manche Zeugenaussagen israelischer Soldaten erwähnen auch, dass sich die israelische Armee palästinensischer Zivilisten als menschlicher Schutzschilde bedient hat. So seien manche von ihnen mit Waffengewalt dazu gezwungen worden, Gebäude zu betreten, weil man sich vergewissern wollte, dass es sich um keine Fallen handelte oder dass sich dort keine

Kämpfer versteckt hielten. Diese Methoden, die bereits bei der Operation „Verteidigungsschild" im Jahr 2002 im Westjordanland zum Einsatz gekommen waren, waren allerdings vom Obersten Gerichtshof für illegal erklärt worden[32]. Der durchschnittliche Israeli dagegen gefällt sich darin, die Gemetzel an Zivilisten damit zu erklären, dass die Hamas selbst die Gewohnheit habe, Zivilisten auf diese Weise einzusetzen. Dieser Glaubenssatz ist nicht neu; und wird auch in der jüdischen Diaspora ständig wiederholt. Er war bereits während der Ersten Intifada zwischen 1987 und 1993 im Umlauf, mit dem Unterschied, dass damals der Hauptprotagonist nicht die Hamas, sondern die Fatah war. Es ist weder erforderlich noch möglich, Ihn rational zu begründen. Die Palästinenser werden einfach nicht als menschliche Wesen wie andere auch betrachtet. Man geht offenbar davon aus, dass sie nicht einmal ihre Kinder in derselben Weise lieben wie andere Mütter und Väter dies tun, weshalb nichts sie daran hindert, diese an vorderste Front zu stellen. Auch die Tiermetaphern im israelischen Wortschatz – man bezeichnet die Palästinenser als Kakerlaken (*„Djukim"*), Heuschrecken, Schlangen, usw. – oder die Gleichsetzung des Feindes mit einer Krebserkrankung erwecken natürlich kein Mitleid mit der palästinensischen Zivilbevölkerung. Das Mitleid mit jenen Palästinensern also, die so grundverschieden sind von der Menschheit, deren Verkörperung die Israelis darstellen, die geboren wurden aus dem Zusammentreffen mit der westlichen Zivilisation.

---

32. *Le Monde*, 16. Juli 2009.

Diese Entmenschlichung des Anderen, die ein Grundpfeiler des Rassismus ist, ist ebenfalls nicht neu. Und ganz sicher ist sie kein Privileg der Israelis: auch die arabische und islamische Welt zögert in ihren antisemitischen und den Holocaust leugnenden Pamphleten nicht, den zionistischen Feind und die Juden zu entmenschlichen. Und dennoch: die Entgleisungen der einen rechtfertigen nicht die Entgleisungen der anderen.

V

ICH BIN EINE JÜDIN OHNE GOTT und darum ist Israel Teil meiner nicht vorhandenen Religion. Aber ich bin auch in Israel aufgewachsen. Auch deshalb liegt mir an seiner Existenz, auch deshalb muss ich ihm gegenüber kritisch sein. Man kann dieses Land nicht in sich tragen und an seiner Seite bleiben, wenn man es verachtet. Israels übermäßige Forderungen den Palästinensern gegenüber haben natürlich nicht mit der Gaza-Offensive begonnen, aber mit dieser Offensive geschah etwas Neues. Es wurde die Scheidelinie überschritten zwischen dem, was ein Jude mit seinem geschichtlichen Hintergrund zulassen kann und dem, was er zurückweisen muss, wenn er möchte, dass sein Jude-Sein eine von Humanität und somit von Universalität geprägte Vision der Welt bleibt. Das Tabu des Holocaust ist schon vor einiger Zeit gefallen. Aber die Gaza-Offensive – ein „Krieg", der militärisch vielleicht gewonnen, in den Medien aber verloren wurde –, die Verbrechen, die in seinem Verlauf begangen wurden, die vielen Bilder des Entsetzens, die er mit sich brachte, haben die Karten nun neu gemischt.

Die jüdische Gemeinde in Frankreich ist kein einheitliches Ganzes. Und die jüdischen Institutionen sprechen im Namen einer „Gemeinschaft", die in Wirklichkeit gar keine ist. Wohl haben diese Institutionen unter den Juden viele Anhänger und sind bestrebt, bei diesen ihre Linie durchzusetzen. Hierbei geht es vor allem darum, die „Lektion" des Holocaust zu vermitteln und Israel zu verteidigen – und beide Aspekte sind eng miteinander verknüpft. Die Institutionen der jüdischen Gemeinde in Frankreich bilden selbst kein homogenes Ganzes und kennen interne Divergenzen und Spannungen. Dass sie über ihre Netzwerke den Antisemitismus und die Leugnung des Holocaust bekämpfen und das Gedenken an den Genozid pflegen, ist verständlich und notwendig. Allerdings nur unter der Bedingung, dass sich nicht Alles hierin erschöpft. Sonst werden nur allzu leicht Demonstrationen gutgeheißen, bei denen israelische Fahnen geschwenkt werden, und so getan, als wäre man der „offizielle" Sprecher der „Gemeinschaft". Was die Gefahr in sich birgt, dass sich die Situation umkehrt, worunter alle Juden leiden würden, auch jene, die niemandem den geringsten Auftrag gegeben haben, sie zu „vertreten".

Die Historiker der Juden kennen den geringen Scharfblick, über den ihre Institutionen in schwierigen Perioden gewöhnlich verfügen. Manche der in solchen Situationen begangenen Fehler wurden den Juden zum Verhängnis. Dass politische und religiöse Instanzen der Juden nicht immer klar getrennt sind, macht die Sache nicht einfacher. Dieser Umstand verzerrt die Botschaft, die den nicht-jüdischen Franzosen übermittelt wird, noch zusätzlich. Bei der vom jüdischen Dachverband Frankreichs CRIF einberufenen Demonstration versammelten sich am 4. Januar 2009 mehr als 12.000 Personen in der Nähe der israelischen Botschaft. Laut Angaben der CRIF bildeten sie eine dichte Menge, die kleine und große israelische Flaggen schwenkte und hebräische Lieder sang[33]. Gilles Bernheim, Philosoph und Oberrabbiner Frankreichs, sagte bei dieser Veranstaltung: „Wer hat unter den Menschen, die ihm nahe stehen, nicht jemanden, der bei der Armee ist?" Kurz sind unsere Nächte und sorgenvoll. Israel will in keiner Weise ein anderes Volk zerstören. Zahal geht es nur darum, liebevoll und mutig die Idee von Humanität und Freiheit für alle Menschen zu bewahren[34]." Der Oberrabbiner von Paris wurde eingeladen, ein Gebet für die Familien der Soldaten und der Opfer des Terrorismus zu sprechen. Die Liebe zu Israel schwankt zwischen einer blinden Verehrung des israelischen Staats und der ungestillten messianischen Erwartung des Judentums. So rief der Sänger Enrico Macias bei dieser Demonstration: „An jenem Tag, an dem der Staat Israel gegründet wurde, kam Maschiach (der Messias). Nichts wird den Lauf unserer Geschichte aufhalten. Ich werde immer an der Seite Israels stehen und wenn mich nicht persönliche Schicksalsschläge davon abgehalten hätten, wäre ich heute selbst in Gaza, unter den Soldaten von Zahal. Sie sterben für uns. Ich will für sie sterben[35]!"

Sein „messianischer" Tonfall hat ja eher etwas Beunruhigendes[36] und sein Herzenserguss zeugt zudem von einer gewissen Naivität, denn man kann sich kaum vorstellen, dass Zahal einen Mann seines

---

33. Siehe http://www.crif.org.

34. *Ibid.*

35. *Ibid.*

36. Die Illusion der messianischen Errettung löste sich in der Geschichte der Juden regelmäßig in Nichts auf, ja, mündete in Katastrophen. Ein deutlicher Beleg hierfür ist die jüngste derartige Episode, als im 17. Jahrhundert so viele Juden glaubten dass Schabbtai Zvi der lang ersehnte Messias sei.

Alters aufnehmen würde. Und dennoch sind diese Aussagen sehr repräsentativ für die konservativ eingestellte jüdische Gemeinde Frankreichs, für deren Selbstverständnis Israel essentiell ist. Unter den amerikanischen Juden dagegen gibt es eine Vielfalt an religiösen Praktiken und politischen Meinungen, die sich ständig weiter entwickeln und sich wechselseitig befruchten. Der Konservativismus der jüdischen Institutionen in Frankreich wird weder der französischen Gesellschaft noch den internationalen Realitäten gerecht. Diese Haltung speist sich vor allem aus Angst und Schrecken, käut ständig dasselbe wieder und zieht sich Tag für Tag ein wenig mehr in sich selbst zurück. Ein Rückzugsreflex, der eine Form von Diaspora-Nationalismus noch verschlimmert, den die Juden übrigens nicht als einzige pflegen. Auch viele französische Muslime huldigen ihm, in einer Art islamisch-patriotischen Glaubensgemeinschaft ohne ethnische oder nationale Grenzen. Und wenn bei den von Juden organisierten Demonstrationen israelische Fahnen flattern, so wehen die Flaggen Palästinas, der Hamas oder der Hisbollah bei propalästinensischen Demonstrationen.

Dieser politische „Autismus" der französischen Juden erinnert an jene Selbstbezogenheit, die auch in Israel immer mehr um sich gegriffen zu haben scheint. Israel beteuert ja ohne Unterlass und lauthals, dass sich die ganze Welt zu seiner Zerstörung verschworen hat und dass es sich nur auf seine eigenen Kräfte verlassen kann. Israel drohe ein Auschwitz; Araber und Palästinenser – und deren iranische Verbündete natürlich – seien jederzeit in der Lage, dieses existenziell bedrohte Land zu vernichten. In Frankreich hätten die Juden von den Muslimen das Schlimmste zu befürchten. Die furchtbare Hydra Antisemitismus erhebe wieder ihr Haupt und eine Wiederholung des Holocaust stünde knapp bevor. Wenn man diese Diagnose nicht teilt, wenn man sich der simplifizierenden Tendenz bestimmter Analysen, der Einseitigkeit bestimmter Warnrufe entzieht, ist man ein Verräter. Nun ist ja nicht alles falsch, und nichts ist absolut wahr. Die *Tribune juive*, eine Zeitschrift der jüdischen Gemeinde Frankreichs, titelte im April 2009: „Glücklich wie ein Jude in Frankreich?" Das Fragezeichen ist bedeutungsschwer und sollte im Gedächtnis behalten werden.

Noch immer stellt sich die Frage: Wie kann man an der Seite dieses Israel stehen, wie kann man seine jüdische Identität im Schatten eines Israel leben, das sich im ewigen Besitz der „Moral" dünkt und das ständig eine massive Gefährdung der Juden heraufbeschwört, damit niemand ihm vorwirft, was es den Palästinensern antut? Den Palästinensern, die dazu verurteilt sind, das Joch der Besetzung zu tragen, die Erniedrigung der Trennungsmauer, die zahllosen Einschränkungen der Bewegungsfreiheit, das Elend und die Untätigkeit. Die Blockade des Gaza-Streifens gibt dessen Bevölkerung nicht nur der bittersten Not, sondern auch dem Diktat der Hamas preis und die Fatah beherrscht das Westjordanland. Weil diese beiden Parteien in einen brudermörderischen Kampf verstrickt sind, in dessen Verlauf sich beide systematischer Menschenrechtsverletzungen schuldig machen, stehen die Palästinenser ständig am Rande eines Bürgerkriegs. Diese Geschichte begann im Jahr 1948 und was wir derzeit erleben, sind gewiss nicht ihre letzten Zuckungen.

Befangen in ihrer geistigen und psychischen Isolation, scheinen weder Israelis noch Juden in der Lage zu sein, sich selbst in Frage zu stellen und sich mit dem Wesensinhalt einer Religion und vor allem den Grundlagen jener ethischen Haltung, die das Judentum während seiner gesamten Geschichte verkörpert hat und die es auch weiterhin verkörpern sollte, auseinanderzusetzen. Eins der auffälligsten Zeichen dieser Isolation war die Berichterstattung der israelischen Medien während der Gaza-offensive. Ich war dort. Die Bilder, die die TV-Stationen ständig wiederholten, konzentrierten sich ganz auf die Region, in der die Hamas Anschläge verübt hatte, und auf deren Bewohner. Im Hintergrund konnte man einen Panzer erkennen, oder Rauch, so als ob die Bewohner des Gaza-Streifens etwas völlig Abstraktes wären. Alles Mitgefühl galt den Israelis, die von ihnen beschossen worden waren. Auf der anderen Seite gab es keine menschlichen Wesen[37]. Es gab nur den Krieg. Israel hatte es Journalisten nicht gestattet, sich in den Gaza-Streifen zu begeben. Zudem drangen manche in den internationalen und in den palästinensischen Medien berichtete Informationen nicht durch den Filter der israelischen Medien. Um sich über diese Aspekte zu informieren, musste man im Internet recherchieren. Die Demonstrationen gegen die Offensive wurden gewöhnlich nur von wenigen Leuten besucht. „Ohne Tadel" und ohne großen öffentlichen Widerstand er-

---

37. Außer an jenem Tag, an dem ein palästinensischer Gynäkologe, der normalerweise in einem Krankenhaus in Tel-Aviv ordiniert, während eines Fernsehinterviews auf einem israelischen Sender vor Schmerz brüllend unmittelbar miterlebte, wie seine Töchter und seine Nichte starben, als sein Haus in Dschabaliya durch einen israelischen Panzer beschossen wurde.

langte dieser Krieg den Status eines notwendigen und somit auch gerechten Kriegs. Auch wenn es in Gaza zu einer schweren humanitären Krise kam, behielten die Israelis – und auch viele Juden – ein ruhiges Gewissen. All dies geschah, während in den internationalen Medien aufwühlende Bilder in großer Zahl veröffentlicht wurden und die Welt all dem mit Entsetzen zusah. Allerdings ohne, dass die Staatsoberhäupter der großen Nationen besondere Anstrengungen unternommen hätten, um diese furchtbare Maschinerie aufzuhalten. Jeder Krieg, dessen Ziel die Bekämpfung des Terrorismus – und die Rettung des Abendlandes – ist, kann nur tugendhaft sein. Sollte man gegenüber einer terroristischen Bewegung wie der Hamas denn zu Frieden aufrufen, vor allem nach dem 11. September?

Überlegungen dieser Art, die einen Teil der Wirklichkeit ausklammern, sind natürlich nicht dazu angetan, Kriege zu stoppen oder zu Friedensgesprächen anzuregen. Ganz und gar nicht: sie führen – mit oder ohne Vorbedacht – in eine Sackgasse. Die Entwicklung eines bedrohlichen islamischen Fundamentalismus, die Entstehung furchtbarer Formen des Terrorismus aus einem irrationalen Hass auf den Westen, der Umstand, dass die Hamas nicht die vertrauenswürdigste und ungefährlichste politische Kraft ist – all das sind wohl Tatsachen. Und dennoch muss ein Weg gefunden werden, um aus dieser explosiven Situation herauszukommen, die mit einer gewissen Verzögerung Israels Isolierung auf der internationalen politischen Bühne noch verstärken und seine Existenz gefährden könnte. Die Gaza-Offensive, dieser in den Medien verlorene Krieg, ist eine Warnung. Die internationale

Öffentlichkeit hat Unerträgliches gesehen und sich darüber aufgeregt. Wie man heute weiß, kann man im Handumdrehen vom Opfer zum Täter werden – und umgekehrt. Ein paar Bilder, ein paar Klicks im Internet reichen aus, um in die andere Rolle zu kippen. Und wehe dem Täter, der gestern noch das Opfer war. Genau das ist während der Gaza-Offensive passiert. Die tendenziösen Vergleiche zwischen dem Genozid an den Juden und den Massakern in Gaza taten noch ein Übriges.

Wir sollten auch nicht vergessen, dass die Zeit der traditionellen politischen Bindungen vorüber ist. Für manche ist die letzte Sache, die noch zu mobilisieren vermag, die Sache der Palästinenser. Diese militante Aneignung kommt selbstverständlich nicht immer den Palästinensern zugute. Diese Streitbarkeit, die häufig nur im stillen Kämmerlein und bestenfalls auf der Straße bei Demonstrationen oder bei Boykott-Aktionen gegen Israel unter Beweis gestellt wird, hat nur sehr eingeschränkte Wirkung. Dennoch kann die gewalttätige und hasserfüllte Form, die das Engagement für die palästinensische Sache in bestimmten Kontexten annimmt, den Grundsatz einer friedlichen Koexistenz von Juden und anderen Teilen der Gesellschaft in Frage stellen, ja, kann sogar, wenn die radikale Kritik an Israel bewusst oder unbewusst entgleist und ganz einfach zu einer Ablehnung von Juden wird, Antisemitismus produzieren. Es ist klar, dass die Unterstützung für die palästinensische Sache in schlimmen Zeiten, wie wir sie heute erleben, mehr denn je eine „Charta des guten Benehmens" benötigt. Der Aufruf zu ethischem Verhalten richtet sich natürlich nicht nur an Israelis oder Juden.

Ich will nicht Jüdin sein und Israel ablehnen. Ich will auch nicht Jüdin sein und Israels unmoralischen Krieg billigen. Nicht ohne Israel, nicht mit Israel, so wie es heute ist. Und natürlich auch nicht mit Institutionen und Rabbinern, die jedes ethische Gefühl verloren haben und die weiterhin lauthals ihre unwandelbare Unterstützung für Israel verkünden, auch dann, wenn Israel Gaza angreift und damit einen Kolonialkrieg – und keinen Verteidigungskrieg – führt. Die Juden, die die Schrecknisse eines nationalistischen Europas im 19. Jahrhundert erlebt haben, das Unheil des Antisemitismus, der Pogrome und des Genozids, hatten Anrecht auf einen Staat. Aber nicht auf irgendeinen Staat. Der Ausgang des Sechs-Tage-Kriegs zerstörte endgültig das Bild eines Staats, der um seine Existenz kämpft. Der Sechs-Tage-Krieg war ein Eroberungskrieg – eigentlich der zweite Eroberungskrieg, den Israel führte – und er war durch nichts gerechtfertigt. Und wenn die Juden ein Anrecht auf einen eigenen Staat hatten, so haben die Palästinenser, was auch immer die Sünden ihrer Jugend gewesen sein mögen, nicht weniger Anrecht auf einen eigenen Staat. Die Gründung dieses palästinensischen Staats, der etwas anderes sein muss als die südafrikanischen Homelands oder ein Rumpfstaat, ist ein gerechter Preis, den Israel dafür bezahlen muss, dass die Juden und die Welt ihre solidarische Verbundenheit zu ihm aufrechterhalten. Andernfalls werden sich die Juden – und auch die internationalen Mächte – früher oder später von Israel abwenden. Wenn viele Juden nur durch ihre Identifikation mit Israel Juden sind, dann ist Israel verpflichtet, ethisch zu handeln, damit Jude-Sein noch Sinn hat. Warum sollte man sonst Jude sein? Um die Schande dessen zu tragen, was Israel den Palästinensern antut, die Schande der Gewalt und der Maßlosigkeit?

Heute lassen wir unser Gesichtsfeld durch Israel einschränken und dieser Rückzug ist unser Verhängnis. Haben wir denn vergessen, wer wir waren? Haben wir denn unsere jüdische Identität ganz und gar auf dem Altar des Nationalismus geopfert, auf dem Altar eines Nationalismus, der lange Zeit das Misstrauen der Juden erweckt hat, weil er ihnen im Laufe ihrer Geschichte so viel Leid zugefügt hat? Die Gaza-Offensive ließ in der Diaspora neue Mauern entstehen. Sie machte die Kommunikation zwischen den Juden und ihrer Umgebung unmöglich, weil letztere die maßlose Duldsamkeit der Juden gegenüber Israel nicht mehr nachvollziehen konnte. Wer möchte schon hinter solchen Mauern der Verständnislosigkeit leben? Und wie lange sollen wir das noch tun? Das zukünftige Israel, das Israel, das die Gaza-Offensive erzeugte oder sichtbar machte, dieses Israel wird nicht mehr lange das verkörpern, wonach die Juden in der Diaspora trachten, und wird auch in der internationalen Öffentlichkeit bald keine Billigung mehr finden. Ganz offenkundig ist Israel nach der Gaza-Offensive bereits jetzt nicht mehr das, was Juden und Israelis, die sich noch der Propaganda entziehen können, von ihm erwarten.

Irgendwann einmal wird man von der befremdlichen und unbewussten Rechnung ablassen müssen, mit der man jeden getöteten Israeli unausweichlich den sechs Millionen Opfern des Genozids hinzuzählt, wohingegen die Anzahl der Toten der gegnerischen Seite, wie bedeutend sie auch sein mag, immer lächerlich niedrig erscheint. Ein israelischer Toter ist nicht mehr und nicht weniger wert als ein palästinensischer, arabischer oder islamischer Toter. Das Foto des französisch-israelischen Soldaten Gilad Shalit, der von der Hamas entführt wurde, ist in Frankreich überall präsent. Dass man in Frankreich ebenso wie in Israel für seine Befreiung kämpft, ist verständlich. Warum setzt man sich aber nicht ebenso sehr für die palästinensischen Gefangenen in Israel ein? Und warum beweint man die Frauen und Kinder, die in Gaza von den Israelis getötet wurden, nicht? Wenn es uns gelänge, all diese Ereignisse als Teil unserer Geschichte zu begreifen – die sechs Millionen ermordeten Juden während des 2. Weltkriegs, die 850.000 vertriebenen Palästinenser bei der Gründung des Staates Israel, die tausenden palästinensischen und israelischen Toten, die Besetzung der palästinensischen Gebiete im Jahr 1967, die brutale Kolonisierung dieser Gebiete, die Opfer des palästinensischen Terrorismus, die Mauer der Schande, das Massaker an 900 palästinensischen Zivilisten in Gaza im Dezember 2008 und Januar 2009, usw. –, dann könnten wir vielleicht auch ein lebensspendendes Judentum entfalten und Israel dabei helfen, vom Masada-Komplex[38] zu genesen

---

38. Im Jahr 74 n. Chr. beschlossen die in der Festung Masada belagerten Juden – vier Jahre nach dem Fall Jerusalems und nachdem sie den römischen Belagerern monatelang leidenschaftlichen Widerstand geleistet hatten – sich lieber selbst zu töten, als sich zu ergeben. Der moderne Staat Israel machte aus diesem Ereignis der Antike einen patriotischen und militärischen Mythos, das strahlende Vorbild jüdischen Heldentums. Und dennoch war es zunächst eine Niederlage und ein kollektiver Selbstmord. Gibt es denn zwischen der völligen Kapitulation und dem Irredentismus keinen Platz für ausgewogene Verhandlungen und →

und aus einer Isolation herauszukommen, die sich mit der Zeit als selbstmörderisch entpuppen könnte. Und die Palästinenser, werden sie in der Lage sein, Pläne für die Zukunft zu schmieden und ihre eigene Geschichte zu schreiben? Zu gegebener Zeit werden auch sie Bilanz ziehen müssen. Ob man nun Israeli ist, Palästinenser oder Jude – heute lässt einen alles an der Zukunft – an einer möglicherweise gemeinsamen Zukunft – verzweifeln.

Ist es zumindest gestattet, sich eine Lösung auszumalen? Zum Beispiel diejenige eines Staatenbundes im Nahen Osten? Aber wenn die Bildung eines binationalen Staates, über die manche nachzudenken begonnen haben, nach heutiger Lage der Dinge als Hirngespinst erscheinen muss, so wird auch die Bildung eines solchen Staatenbundes nichts anderes sein, solange die Palästinenser keinen eigenen Staat erhalten und solang der Nationalismus, der in dieser ganzen Region und auch in Israel wütet – ein Nationalismus, der durch religiösen Fundamentalismus noch verschärft wird – sich nicht zumindest ein ganz klein wenig in einer positiven Globalisierung aufgelöst haben wird. Inzwischen gibt es kaum eine andere realistische Perspektive als ein energisches Vorgehen der Vereinten Nationen und einiger anderer Kräfte, die frei sind von der schuldhaften Last des Genozids. Vielleicht könnte die Europäische Union dieses Vorgehen politisch unterstützen – aber Europa hat kein reines Gewissen. Vielleicht könnten einzelne Jüdische Gemeinden der Diaspora, ganz besonders die

---

← einen gerechten Frieden, wodurch allein Israels Fortbestehen auf Dauer gesichert werden könnte?

jüdische Gemeinde Amerikas[39] dabei mitwirken und versuchen, bei allen Konfliktpartnern eine Friedenslösung durchzusetzen. Aber wie viel verlorene Zeit, wie viele unnötige Tote werden wir bis dahin noch zu beklagen haben?

---

39. In der im März 2009 durchgeführten und bereits weiter oben erwähnten Untersuchung (http://www.jstreet.org/campaigns/j-street-releases-new-poll-american-jewish-community) erklärten 69% der befragten Juden, dass sie es begrüßen würden, wenn die Regierung der Vereinigten Staaten eine aktive Rolle in den Bemühungen um eine Bereinigung des israelisch-arabischen Konflikts spielte, auch dann, wenn die Regierung dabei Sichtweisen vertritt, die von jener der israelischen oder der arabischen Seite abweichen, und wenn die Regierung auf beide Seiten Druck ausübt, um zu notwendigen Kompromissen zu gelangen.

Der Name des Verlages heißt in die deutsche Sprache übersetzt „der Verlag des öffentlichen Ausrufers". Der öffentliche Ausrufer ist eine Art Vorläufer des heutigen Journalisten. Er war schon im alten Griechenland auf den Straßen zu finden, mit der Glocke in der Hand zog er die Menge an und verkündete die Neuigkeiten.

Der Verlag hat es sich zur Aufgabe gemacht sowohl die Werke bedeutender französischsprachiger Wissenschaftler, Journalisten oder Kritiker aus den Geistes-, Sozial- und Humanwissenschaften ausfindig zu machen und in deutscher Sprache zu verlegen als auch die Schaffung neuer Werke anzuregen und zu ermöglichen.

Durch die Veröffentlichung der Ideen, Erkenntnisse und Meinungen dieser französischsprachigen Intellektuellen soll ein kleiner Beitrag zum Gedankenaustausch zwischen Deutschland und Frankreich geleistet werden. Die dort geführten Debatten und Auseinandersetzungen sollen auch hierzulande ihre Fortsetzung finden können.

Gegründet wurde das Unternehmen 2010 in Hamburg von einer Journalistin, der im Rahmen ihrer Lehrtätigkeit an der Universität Hamburg auffiel, dass es zu bestimmten Themen Lücken im deutschen Buchsortiment gibt, und ihrem Mann, einem auf Medien spezialisierten Unternehmensberater.

**Neuererscheinung in 2011
von Les Éditions du Crieur Public**

Voraussichtlich im Oktober 2011 wird das Buch

MENSCHENZOOS

erscheinen. Die Originalausgabe *Zoos humains*
wurde von Pascal Blanchard, Nicolas Bancel, Gilles
Boëtsch, Eric Deroo und Sandrine Lemaire erarbeitet.

Das auch heute noch bewusst oder unterbewusst ver-
breitete Bild des Wilden, des „Negers", des Exoten
wurde in der Zeit von 1860 bis 1930 in Europa, Amerika und Japan durch Menschenzoos geprägt. Millionen von Menschen gingen „mit Kind und Kegel" in
den Zoo oder zu den Ausstellungen, um erstmals in
ihrem Leben „die Wilden" zu sehen. Diese wurden
hinter Zäunen ausgestellt, wie Tiere. Gelegentlich
fand sich auch der entsprechende Hinweis „Bitte nicht
füttern".

Im öffentlichen Bewusstsein sind diese in Deutschland insbesondere von Carl Hagenbeck wirtschaftlich
sehr erfolgreich organisierten „Völkerschauen" fast
nicht mehr präsent. Doch spielten diese Schauen eine
wesentliche Rolle im Kolonialzeitalter. Sie befriedig-
ten das Interesse an den fremden Kulturen in einer
rassistischen Form und schufen generationenübergrei-
fende Vorurteile.

Typografie: Matthieu Cortat, Lyon, www.nonpareille.net